Anne Enderlein
Cornelie Kister

ALDIDENTE VEGETARISCH

Eichborn.

Die Deutsche Bibliothek – CIP-Einheitsaufnahme
Enderlein, Anne:
Aldidente vegetarisch / Anne Enderlein ;
Cornelie Kister. - Frankfurt am Main : Eichborn, 2001
ISBN 3-8218-3726-8

© Eichborn AG, Frankfurt am Main,
September 2001
Redaktion: Dorothee Wahl
Lektorat: Oliver Thomas Domzalski
Gestaltung und Satz: die Basis, Wiesbaden
Druck und Bindung: WS Bookwell, Finnland
ISBN 3-8218-3726-8

Verlagsverzeichnis schickt gern:
Eichborn Verlag, Kaiserstr. 66,
D – 60329 Frankfurt am Main
www.eichborn.de

INHALT

Hochgenuss ganz ohne Fleisch:

Dieses Kochbuch ist für all diejenigen gedacht, die ihre Ernährung zunehmend fleisch- wie fischlos gestalten wollen, sich aber nicht als spartanische Gesundheitsapostel auf missionarischem Feldzug verstehen. Hier wird keine ideologisch untermauerte Vollwertküche gepredigt, die ausschließlich Vollkorn- und Rohkostprodukte auf dem pflanzlichen Speiseplan zulässt. Wir richten uns an Gaumenfreunde, für die Gesundheit und Genuss kein Widerspruch ist und die mit Vergnügen bei Aldi Kunde sind.

Die vegetarische Küche bietet eine ungeahnte Vielfalt, angefangen bei süßen und deftigen Aufläufen über Gemüsekuchen und himmlische Süßspeisen bis hin zu Suppen, wie sie bei Muttern nicht besser schmecken könnten, und vielen anderen Überraschungen, die es zu entdecken gilt. Begleiten Sie uns auf dieses weite Experimentierfeld, Hobbyköche werden ein kulinarisches Wunder erleben! Unbekannte Rezepte mit Gemüsesorten, Nüssen oder Hülsenfrüchten, die zwar heimische Gewächse, in der eigenen Küche jedoch eher exotisch sind, wecken die Fantasie am eigenen Herd.

Vegetarier folgen nicht alle den gleichen Ess-Geboten. Einige von ihnen genehmigen sich durchaus hin und wieder rotes Fleisch, Fisch oder auch Huhn. Man unterscheidet drei Gruppen von Vegetariern: die Ovo-lacto-Vegetarier, die Lacto-Vegetarier und die Veganer. Die einen lassen Eier- und Milchprodukte neben pflanzlicher Kost auf ihrem Speiseplan zu, die anderen nur Milchprodukte – da aus den Eiern eigentlich Küken schlüpfen sollen –, und Veganer verzichten vollkommen auf tierische Nahrung. Wir entscheiden uns für die ovo-lacto-vegetarische Küche, in der die Kombinationsmöglichkeiten nahezu unerschöpflich sind.

Das kleine ABC der vegetarischen Küche:

»Was koch' ich heute?« – diese Frage kennt jeder, denn wer ist schon in der Lage, seinen Speiseplan wöchentlich originell und erfindungsreich zu gestalten. Wem die vegetarische Küche bislang noch fremdes Terrain war, dem wird dieses Kochbuch viele neue Ideen für ungewöhnliche Zubereitungsweisen liefern. Das Vorurteil, rein pflanzliche Kost sei langweilig oder führe gar zu Mangelernährung, ist unbegründet. Es kommt – wie bei allem im Leben – auf Abwechslung an.

Die Rezepte in diesem Kochbuch folgen einem Grundprinzip: Wichtige Bausteine in den Lebensmitteln werden geschickt zusammengestellt, sodass die einzelnen Mahlzeiten Sie mit einer Vielfalt an Nährstoffen versorgen. Gemüse mit Käse überbacken, Bohnen mit Reis und Käse, Salate mit Nüssen oder Samen oder Getreide mit Gemüse sind Kombinationen, die einen ausgewogenen Speiseplan garantieren. Es besteht also kein Mangel an Kohlenhydraten, Mineralien, Vitaminen, Proteinen und wertvollen Fetten. Und was ebenso wichtig ist: Die Rezepte sind nicht nur gesund, sondern auch schmackhaft, abwechslungsreich und vielfältig. Für den ernährungsbewussten Single, die Familie und für Gäste bieten sie eine Fülle an Köstlichkeiten aus der vegetarischen Küche.

Eine kurze Übersicht führt alle essenziellen Nährstoffe, Vitamine und Mineralien auf, sowie ihre Bedeutung für einen gesunden Organismus und ihr Vorkommen in gebräuchlichen Lebensmitteln. Ungenannt bleiben Mineralien oder andere Nährstoffe, die nur in verschwindend geringen Mengen aufgenommen werden müssen oder die der Körper selbst bereitstellt. Gut und gerne kann hinsichtlich einer bewussten Ernährungsweise auf Fleisch verzichtet werden, zumal sich Gewichts- und Gesundheitsprobleme mit vegetarischer Kost leichter in den Griff bekommen lassen.

Die Nährstoffe

Kohlenhydrate (Makronährstoffe): Stärke und Zucker
Wirkung: Energie-, Vitamin- und Mineralienzufuhr, Sättigung
in: Vollkornbrot, Kartoffeln, Reis, Weizen, Gerste, Mais, Linsen, Bohnen, Erbsen, Bananen, Nudeln

Ballaststoffe (Zellulose und Quellstoffe – pflanzliche Nahrungsbestandteile)
Wirkung: verdauungsfördernd, Stärkung des Immunsystems
in: getrockneten und frischen Erbsen und Bohnen, Kohl, Möhren, Kartoffeln mit Schale gekocht, Spinat, Mais, Hafer und Weizen, Vollkornbrot, Dörrobst (besonders Aprikosen), frischem Obst, vor allem Äpfeln, Bananen und Orangen

Proteine (Eiweiße)
Wirkung: Zellwachstum, Neubildung und Regeneration des Gewebes und Ausbildung des Immunsystems
in: Milchprodukten, Nüssen und Samen, Hülsenfrüchten, Getreide
Tipp: Wir essen meist doppelt so viel Eiweiß, wie wir eigentlich dürften! Das belastet die Niere und lässt sie zusammen mit den Proteinabfällen nützliches Calcium ausscheiden.

Vitamine (Mikronährstoffe)

Wirkung:
Beteiligung an Abbau und Umwandlung von Kohlenhydraten, Fett und Eiweiß; Unentbehrlich für sämtliche Stoffwechselprozesse

B12

wichtig für:
Bildung roter Blutkörperchen und Zellaufbau; Aufbau des Nervensystems; Energiestoffwechsel

in:
Milchprodukten, Eiern, Hefe, Sojamilch

Tipp:
Vitamin B12 ist wasserlöslich, deswegen mit wenig Wasser kurz garen und das Gemüsewasser weiterverwenden.

B1

wichtig für:
Nervenzellen: Übertragung von Nervenreizen; Muskeln: Umwandlung von Kohlenhydraten in Energie

in:
Getreidevollkorn, Vollkornbrot, Sonnenblumenkernen, Erbsen, Bohnen, Kidneybohnen, Nüssen

Tipp:
Vitamin B1 geht bei Erhitzung verloren. Hülsenfrüchte vor dem Kochen in Wasser einweichen, damit sich die Garzeit reduziert. Das Vitamin ist licht- und luftempfindlich, Gemüse daher dunkel und trocken lagern.

B2

wichtig für:
Eiweiß-, Fett- und Kohlenhydratstoffwechsel

in:
Milchprodukten, Pilzen, Eiern, Sprossen, Hefe, grünem Blattgemüse, Mandeln, frischen Champignons

Tipp:
Tageslicht zerstört das Vitamin B2, daher Milch in dunklen Flaschen oder Kartons kaufen.

B6

wichtig für: die Nerven und die Bildung roter Blutkörperchen

in: Getreidevollkorn, Weizenkeimen, Bananen, Kohl, Lauch, Paprika, Brokkoli, Walnüssen, Kartoffeln, Avocado

Tipp: Vitamin B6 wird leicht aus dem Gemüse ausgewaschen, deshalb nicht lange wässern. Ebenso geht beim Einfrieren ein großer Teil des Vitamins verloren.

Niacin

wichtig für: die Haut, den Stoffwechsel, das Nervensystem und die Durch-blutung (erweitert die Gefäße und senkt somit das Herzinfarkt-Risiko).

in: Hefe, Champignons, Hülsenfrüchten, Avocado, Erdnüssen, Kaffee

Tipp: Niacin wird durch Wasser leicht ausgeschwemmt, daher Gemüse in wenig Wasser kochen.

Biotin

wichtig für: Zellwachstum, Regeneration von Haut und Haaren, Fettstoffwechsel

in: gekochten Eiern, Hülsenfrüchten, Champignons, Hasel- und Erdnüssen, Hefe, Haferflocken, Äpfeln

Folsäure

wichtig für: Blutbildung, Zell- und Haarwachstum, Haut- und Magen-Darm-Schleimhaut-Regeneration

in: Rosenkohl, Blumenkohl, Brokkoli, Spargel, Porree, Käse, Eiern, Erbsen, Salaten, Haferflocken

Tipp: Folsäure bleibt nur in Nahrungsmitteln erhalten, wenn sie frisch geerntet und mit möglichst wenig Wasser kurz angegart werden.

Vitamin C

wichtig für: Immunabwehr, Eisenaufnahme, Wundheilung, Bindegewebsbildung, Senkung des Krebs-Risikos und Schutz vor Herz-Kreislauf-Erkrankungen

in: roter Paprika, Porree, Kohl, Brokkoli, Tomaten, Hülsenfrüchten, Zitrusfrüchten, Beeren, Kiwis

Tipp: Gemüse in kochendes Wasser zum Garen geben, sonst werden die Vitamine ausgeschwemmt. Am besten ist es, Gemüse und Obst roh und mit der Schale zu essen.

Vitamin A

wichtig für: Haut, Haare, Augen, Schleimhäute, Nägel und die Infektionsabwehr, geringeres Krebs-, Schlaganfall- und Herzinfarkt-Risiko

in: Butter, Eiern, Käse, Quark, Milch, Sahne, gelbem und grünem Gemüse, Aprikosen

Tipp: Optimale Aufnahme des Vitamins zusammen mit Fett; Gemüse schonend garen und etwas Fett dazu geben; intensive Sonnenbestrahlung und Arbeit am Bildschirm erhöhen den Bedarf an Vitamin A, da das Licht das Vitamin A im Auge abbaut.

Vitamin D

wichtig für: Knochen- und Knorpel-Bildung

Vorkommen in: Eiern, Butter, Käse und Pilzen; Sonnenlicht regt die Vitamin-D-Bildung in der Haut an.

Vitamin E

wichtig für: Schutz vor Zellzerstörung durch freie Radikale, die durch zu viel Sauerstoff in der Zelle entstehen, und damit verzögertes Altern; Vitamin E wirkt blutverdünnend; beugt Arteriosklerose vor, d. h. es verringert das Herzinfarkt-Risiko; geringeres Krebs-Risiko; Linderung von Gelenkentzündungen

in: Pflanzenölen, Getreide, Nüssen, Hülsenfrüchten

Tagesbedarf: mindestens 6 mg; man kann nie genug Vitamin E zu sich nehmen; reichlich kaltgepresstes Öl in der Salatsauce deckt den Bedarf.

Vitamim K

wichtig für: Blutgerinnung

in: Sauerkraut, Blumen-, Grün-, Rot- und Rosenkohl, Spinat, Chicorée, Brokkoli, Kartoffeln, Butter, Quark, Vollkornbrot, Käse

Tipp: Tageslicht zerstört das Vitamin K, daher Gemüse nur kurzzeitig und dunkel lagern.

Mineralien

Wirkung: Aufbau des Körpers und Stoffwechsel

Kalium

wichtig für: Stoffwechsel, Wasserbindung in den Zellen, Muskelaktivierung, Weiterleitung von Nervenreizen, Behandlung von Bluthochdruck

in: Kakao, Kartoffeln, Hülsenfrüchten, Nüssen, Gemüse

Tipp: Bei anstrengender sportlicher Betätigung und starker Transpiration die Aufnahme von Kalium erhöhen. Wasser spült Kalium heraus, daher das Gemüse kurz unzerteilt waschen; Pellkartoffeln bevorzugen.

Eisen

wichtig für: Bildung roter Blutkörperchen. Eisenmangel führt zu Anämie (Blutarmut), eine der häufigsten Mangelerscheinungen bei Vegetariern. Die Folgen sind Müdigkeit, Schwäche, Lethargie, Blässe und Antriebslosigkeit.

in: Hülsenfrüchten, Kakao, Getreide, Vollkornprodukten, Nüssen, Sonnenblumenkernen, Möhren, Mangold, Spinat, Eigelb, braunem Zucker

Tipp: Vitamin C unterstützt die Aufnahme von Eisen, zu viel Calcium und Phospat wie auch Kaffee und Tee behindern sie.

Magnesium

wichtig für: Kohlenhydratstoffwechsel, Senkung des Blutdrucks in Stresssituationen; Funktionieren von Nerven und Muskeln, verhindert Blutgerinsel und damit Verstopfung der Adern.

in:	Vollkornprodukten, Sonnenblumenkernen, Kakao, Mandeln, Nüssen, Hülsenfrüchten, Samen, Dörrobst
Tipp:	Magnesium hat in mehrfacher Hinsicht die gegenteilige Wirkung von Calcium, daher muss ein Gleichgewicht zwischen beiden Mineralien erhalten bleiben.

Calcium

wichtig für:	Knochenstabilität, Zähne, Muskeln, Nerven
in:	Milchprodukten, Mandeln, Haselnüssen, Mohn, Sesam

Phosphat

wichtig als:	Energieträger bei Stoffwechselprozessen; in Verbindung mit Calcium (Calciumphosphat) festigt es Zähne und Knochen; neutralisiert Säuren im Körper.
in:	Haferflocken, Vollkornbrot, Nüssen, Käse, Kakaopulver, Sonnenblumenkernen, Hülsenfrüchten
Tipp:	Meist nimmt man zu viel Phosphat zu sich, da es vielen weiterverarbeiteten Lebensmitteln zugesetzt ist.

Zink

wichtig für:	Wachstums- und Heilungsprozesse, Protein- und Kohlenhydratstoffwechsel
in:	Milchprodukten, Haferflocken, Spinat, Spargel, Mango, Nüssen, Erdnüssen, Hülsenfrüchten
Tipp:	statt Weißbrot Vollkornbrot essen, Sauerteig und eingeweichtes Müsli fördern die Aufnahme von Zink.

Jod

wichtig für: Schilddrüsenfunktion

in: Jodsalz, Feldsalat, Hart- und Frischkäse

Tipp: Es sollte unbedingt mit Jodsalz gewürzt werden.

Fette

Wirkung: beteiligt an Zellbildung und Nervensystem, Energielieferant, Träger der fettlöslichen Vitamine A, D, E, K; bei zu viel Fettaufnahme besteht die Gefahr von Dickdarmkrebs und Herzinfarkten.

gesättigte Fette

Wirkung: erhöhen den Anteil schädlicher Cholesterine im Blut und zerstören gesunde Cholesterine.

Vorkommen als: gesättigte Fettsäuren in tierischen Fetten, die ausgelassen und bei Zimmertemperatur fest werden (z. B. Schmalz).

mehrfach ungesättigte Fette

Wirkung: Reduktion nützlicher wie schädlicher Cholesterine; wichtig für den menschlichen Fettstoffwechsel; Mangel kann Arterienverkalkung hervorrufen.

in: Pflanzenölen (Distel-, Sonnenblumen-, Maiskeim-, Sojaöl), die bei Zimmertemperatur flüssig sind und mittels chemischer Verfahren zu Margarine verarbeitet werden können.

einfach ungesättigte Fette

Wirkung: reduzieren schädliche Cholesterine und vermehren nützliche im Blut,
schützen vor Herzerkrankungen.

in: kaltgepressten Pflanzenölen (Oliven- und Rapsöl)

sekundäre Pflanzenstoffe (Farb-, Aroma- und Gerbstoffe)

Wirkung: Schutz des Immunsystems, fördern Durchblutung und
Heilungsprozesse.

in: Gemüse, Obst, Getreide, Kräutern, Samen

Für die Speisekammer daheim

Für einen Vegetarier, der Wert auf eine gesunde Ernährungsweise legt, gehören frische Lebensmittel zur Grundausstattung. Gemüse aus der Dose lässt sich zwar monatelang lagern, aber die wertvollen Nährstoffe und Vitamine sind weitgehend verloren. Außerdem enthalten Fertigprodukte Zutaten wie Zucker, Konservierungsstoffe oder Geschmacksverstärker, die man bei eigener Zubereitung niemals verwenden würde. So gesehen sollte ein Vegetarier sicherlich häufiger einkaufen gehen. Dennoch gibt es über die üblichen Grundnahrungsmittel hinaus einige Lebensmittel, die man in jedem Fall im Haus haben sollte, um die hier angebotene Vielfalt an Rezepten auch spontan kochen zu können.

Vorratskammer

Nudeln

Reis

Geschälte Tomaten

Gemüsebrühe

Mehl

Nüsse (Haselnuss- und Walnusskerne)

Olivenöl

Pflanzenöl

Essig (Balsamessig oder Weißweinessig)

Müsli oder Haferflocken

Knäckebrot

Knoblauch

Gewürze: Majoran, Thymian, Muskatnuss
(ganze)

Kühlschrank

Parmesan oder anderen Hartkäse

Sahne, Schmand

Butter oder Margarine

Senf

Kühlfach

Spinat

Was Sie noch wissen sollten

Auch wenn das Sortiment von Aldi umfangreich ist und die Grundnahrungsmittel im Großen und Ganzen abdeckt, bleiben doch wenige Lebensmittel, die – besonders in einer ausgewogenen vegetarischen Küche – in anderen Supermärkten, Feinkostläden oder auch auf Wochenmärkten besorgt werden müssen.

Das A und O einer schmackhaften Küche sind, wie jeder weiß, **Gewürze** und **Kräuter**. Was die getrockneten Gewürze wie Thymian, Rosmarin oder Majoran anbelangt, so sind sie weder bei Aldi Nord noch bei Aldi Süd zu bekommen. Je nach Saison sind frische Kräuter gelegentlich im Angebot. Ein Grundsortiment getrockneter Kräuter sollten Sie aber unbedingt in Ihrer Küche haben. Bei der Angabe von Gewürzen und Kräutern innerhalb der Zutaten werden wir nicht gesondert ausweisen, ob sie bei Aldi zu erstehen sind oder nicht. Gehen Sie grundsätzlich davon aus, dass Sie Ihren Gewürzschrank aus anderen Sortimenten zusammenstellen müssen.

Ähnliches gilt für **Obst** und **Gemüse**. Aldi bietet eine breite Auswahl je nach Wachstumssaison an. So gibt es im Winter ein wechselndes Angebot an Kohlsorten, die Sie im Sommer aber vergeblich in der Gemüseabteilung dieses Supermarktes suchen, im Frühling durchaus einmal Frühlingszwiebeln und im Sommer selbstverständlich Erdbeeren und anderes Sommerobst. Sie können also bei Aldi nicht zu jeder Zeit mit jedem Gemüse oder jeder Obstsorte rechnen und müssen – wenn Sie unbedingt im Winter einen Aprikosen-Quarkkuchen mit pürierten Erdbeeren zubereiten möchten – auf teure und wenig aromatische Früchte aus Übersee in gut sortierten Feinkostabteilungen zurückgreifen.

Es gibt bei Aldi »Aktionswochen«, in denen Sie vielerlei Produkte bekommen können, die nicht zum festen Sortiment gehören. In der »Italienwoche« beispielsweise gibt es Balsamessig, eingelegte Oliven, herrliche Amarettoplätzchen und andere Köstlichkeiten mehr. Ihre Tageszeitung wird Sie rechtzeitig in der Aldi-Anzeigenseite über diese Aktionen informieren.

*Produkte, die absolut nicht Bestandteil des Aldi-Sortiments sind, haben wir in der Zutatenliste jeweils mit * gekennzeichnet.*

Saisonführer heimischer Gewächse

Frisch sind Obst und Gemüse besonders dann, wenn sie während ihrer Reifezeit in den heimischen Regionen gegessen werden. Erdbeeren zum Beispiel ernten wir hier zu Lande bekanntlich im Sommer. Man bekommt diese herrlichen Früchte bisweilen auch im Winter bei Aldi, aber sie kommen außerhalb der Saison von weit her. Um die lange Reise zu überstehen, sind sie notwendigerweise noch halb grün geerntet worden und in dunklen Lagerhäusern nachgereift. Geschmacklich kein Vergleich zu den sonnengereiften Erdbeeren im Sommer, die von den Feldern der Umgebung frisch angeliefert werden. Hinzu kommt, dass die Natur ihre Produkte dann hervorbringt, wenn wir Menschen ihrer wertvollen Substanzen besonders bedürfen. So sind im Winter Zitrusfrüchte und Kohlsorten mit ihrem wertvollen Vitamin C unsere besten Schutzengel gegen Husten und Schnupfen. Wenn man sich aber nicht immer an die Wachstumszeiten halten möchte, dann bieten einige Tiefkühlprodukte aus der Aldi-Gefriertruhe eine gute Alternative.

GEMÜSE	JAN	FEB	MRZ	APR	MAI	JUN	JUL	AUG	SEP	OKT	NOV	DEZ
Aubergine	●		●							●		
Blattsalate	●		●		●	●	●	●	●		●	
Blumenkohl	●		●		●				●		●	
Bohnen, grüne		●		●			●		●			●
Brokkoli		●		●		●				●		●
Chinakohl		●		●			●	●			●	●
Endiviensalat	●	●	●	●		●	●			●	●	●
Erbsen		●							●	●		
Feldsalat	●	●	●	●	●	●		●			●	●
Fenchel	●	●		●		●	●			●	●	●
Grünkohl	●		●		●	●	●		●			
Gurken	●		●						●		●	
Kohlrabi	●	●	●	●		●	●	●		●		●
Kürbis	●	●	●	●	●	●	●					
Porree	●	●	●	●	●	●	●	●	●			●
Mangold		●		●		●	●	●		●		●
Möhren	●	●	●	●	●	●	●	●	●		●	●

GEMÜSE	JAN	FEB	MRZ	APR	MAI	JUN	JUL	AUG	SEP	OKT	NOV	DEZ
Paprikaschoten		●		●						●		●
Radieschen	●		●		●	●	●		●		●	
Rettich	●	●	●	●	●	●	●	●	●		●	●
Rosenkohl		●		●	●	●		●				●
Rote Bete	●	●	●	●	●	●	●	●	●			●
Rotkohl	●	●	●	●	●	●	●	●			●	●
Schwarzwurzel	●		●	●	●	●	●			●	●	●
Spargel						●	●		●			
Spinat		●		●		●	●	●	●	●		●
Tomaten		●		●		●						●
Weißkohl	●	●	●	●	●	●	●	●	●	●		●
Wirsing	●	●	●	●	●	●	●				●	●
Zucchini		●		●		●			●	●		●

[19]

Obst	JAN	FEB	MRZ	APR	MAI	JUN	JUL	AUG	SEP	OKT	NOV	DEZ
Äpfel	●	●	●	●	●	●	●	●	●	●		●
Birnen	●	●	●	●	●	●	●		●			
Brombeeren	●		●								●	
Erdbeeren		●		●						●		●
Heidelbeeren	●		●								●	
Himbeeren	●								●		●	
Johannisbeeren								●		●		●
Mirabellen	●		●		●							
Pflaumen		●		●		●						
Sauerkirschen									●		●	
Stachelbeeren								●		●		●
Süßkirschen	●								●		●	
Weintrauben			●		●							

Die Rezepte

Suppen und Eintöpfe

Avocado-Kartoffel-Suppe mit Petersilienpesto

(4 Portionen)

Zutaten:

600 g Kartoffeln
1/4 l Gemüsebrühe
50 g Pinienkerne*
3 Bund Petersilie
2-3 Knoblauchzehen
3 EL Olivenöl
1 Avocado (nicht zu reif)
Salz, weißer Pfeffer

So gelingt's:

1. Für die Suppe Kartoffeln schälen und in kleine Würfel schneiden. Gemüsebrühe aufkochen und Kartoffelwürfel 8-10 Minuten darin garen, bis sie weich sind, aber noch nicht zerfallen. Die Würfel in ein Sieb gießen und die Brühe auffangen.

2. Für das Pesto die Pinienkerne in einer Pfanne ohne Fett goldbraun rösten. Die Petersilie grob hacken. Die Knoblauchzehen schälen und zur Petersilie pressen. Pinienkerne, Petersilie und Knoblauch mit Salz und Olivenöl in einen Mörser geben und zu einer geschmeidigen Paste zerreiben. (Funktioniert auch mit dem Schneidstab)

3. Die Brühe mit 2/3 der Kartoffelwürfel erhitzen, mit dem Schneidstab pürieren (die Brühe soll eine leichte Bindung haben). Mit Salz und Pfeffer schwach würzen. Die restliche Kartoffelwürfel dazugeben und heiß werden lassen. Die Avocado schälen, halbieren, entkernen und würfeln. Die Suppe in vorgewärmte Teller geben. Avocado und Pesto auf die Teller verteilen.

Tipp:

Dazu passen gebutterte Toastscheiben, die mit Parmesan bestreut und unter dem Grill geröstet werden.

Kohl

Obwohl Kohl zu den gesündesten Gemüsesorten zählt, wird er heute vergleichsweise wenig gegessen.

Während er den Römern als solide Grundlage für eine durchzechte Nacht oder als linderndes Katerfrühstück galt und Gegenstand kulinarischer Lobeshymnen war, ist er im Laufe der Jahrhunderte als Arme-Leute-Essen in Verruf geraten und weckt mehrheitlich Erinnerungen an den unangenehmen Geruch während des stundenlangen Kochens.

Der Vater aller Kohlsorten, ein Wildkohl, wuchs ursprünglich an den Küsten Westeuropas. Die Kelten haben bereits um 300 v. Chr. in Nordeuropa Kohl angebaut. Im Mittelalter avancierte er zu einem Hauptnahrungsmittel, das im Winter die nötigen Vitamine lieferte. Kohl enthält nämlich Vitamin A, C, B1, B2, B3, D sowie reichlich Eisen, Calcium und Kalium.

Wir kennen Kohl eigentlich nur in Suppen, als Mantel für die berühmte Kohlroulade und als Sauerkraut – das ist eingelegter Kohl, der über Wochen mit Gewürzen fermentiert, d. h. Milchsäure bildet und anschließend Pilze. Diese Methode verleiht dem Kohl jahrelange Haltbarkeit und ist vermutlich bereits im Mittelalter bekannt gewesen. Am gesündesten ist es natürlich, Kohl frisch als Salat zu essen, um in den Genuss all der Vitamine zu gelangen, die beim Kochen zum großen Teil verloren gehen. Heute kocht man zumeist Weißkohl, Wirsing und Rotkohl. Kräftig gewürzt schmeckt Kohl kurz gedünstet oder gekocht als Beilage, in Suppen und als Rohkostsalat.

Wirsing und Rosenkohl haben ihre Saison in unseren Breitengraden im Winter, Weiß- und Rotkohl hingegen gibt es das ganze Jahr über. Beim Einkauf sollte man darauf achten, dass die Kohlblätter frisch aussehen, keine braunen Stellen haben und die Farbe des Kohls leuchtet. Wenn er frisch ist, hält er sich im Kühlschrank etwa eine Woche, loseblättriger Kohl wie Wirsing welkt rascher.

GRÜNE CURRY-KOHL-SUPPE

(4 Portionen)

ZUTATEN:

700 g Grünkohl
1 große Zwiebel
1 großer Apfel
1 1/2 TL Currypulver
500 ml Gemüsebrühe
100 g Schmand
2 El Olivenöl
1 Zitrone
Salz, schwarzer Pfeffer a. d. Mühle

SO GELINGT'S:

1. Die Blätter des Grünkohls lösen, waschen und grob hacken. Die Zwiebel fein hacken. Den Apfel schälen, entkernen und in Scheiben schneiden.

2. Das Olivenöl erhitzen und Zwiebel und Apfelscheiben darin andünsten. Den Grünkohl untermischen, mit Currypulver und einigen Spritzern Zitronensaft würzen und bei mittlerer Hitze dünsten, bis die Masse zusammenfällt.

3. Die Gemüsebrühe angießen, die Hitze erhöhen und etwa zehn Minuten schwach kochen lassen. Anschließend mit dem Schneidstab pürieren und den Schmand einrühren. Mit Salz und Pfeffer würzen und servieren.

BLUMIGES KRESSESÜPPCHEN

(4 Portionen)

ZUTATEN:

1 Blumenkohl
1 Beet Kresse
1 Zwiebel
1 EL Olivenöl
750 ml Gemüsebrühe
1 Eigelb
50 g Schlagsahne
geriebene Muskatnuss
Salz, schwarzer Pfeffer a. d. Mühle

SO GELINGT'S:

1. Die Zwiebel fein hacken und in dem Olivenöl andünsten. Die Gemüsebrühe angießen und aufkochen lassen.
2. Den Blumenkohl putzen, waschen und in kleine Röschen zerteilen. (Den Strunk des Blumenkohls würfeln und mitkochen. Das gibt der Suppe noch mehr Gehalt.) Den Blumenkohl zu der leicht kochenden Brühe geben und 5 Minuten garen.
3. Die Kresse putzen und von den Wurzeln lösen. Zusammen mit einem Eigelb einrühren, noch einmal kurz aufkochen und mit dem Schneidstab die Suppe pürieren.
4. Die Schlagsahne dazugeben und mit Muskat, Salz und Pfeffer würzen, abschmecken und servieren.

MAIS-TOMATEN-SUPPE

(4 Portionen)

ZUTATEN:

1 mittelgroße Zwiebel
3 mittelgroße Tomaten
425 g passierte Tomaten
400 g Mais a. d. Dose, abgetropft
Chilipulver
Schmand zum Servieren
1 EL Olivenöl
1 TL Gemüsebrühe
Salz, schwarzer Pfeffer a. d. Mühle

SO GELINGT'S:

1. Das Öl in einem großen Topf erhitzen. Die Zwiebel schälen und fein hacken. Mit der Gemüsebrühe glasig dünsten.

2. Die Tomaten kreuzweise einschneiden, in kochendem Wasser überbrühen und anschließend die Haut abziehen. Das Fruchtfleisch hacken. Mit den passierten Tomaten und dem Mais in den Topf geben und mit Chilipulver, Salz und Pfeffer abschmecken.

3. Die Suppe unter Rühren erhitzen. Mit einem Klecks Schmand servieren.

MÖHREN-ORANGEN-SUPPE

(4 Portionen)

ZUTATEN:

500 g Möhren
30 g Butter
125 ml Orangensaft
1-1 1/4 l Gemüsebrühe
1 kleine Zwiebel
3-4 TL frischer Thymian (ersatzweise 1 TL getrockneter Thymian)
Schmand zum Servieren
Salz, schwarzer Pfeffer a. d. Mühle

SO GELINGT'S:

1. Die Möhren schälen und in Scheiben schneiden. Die Butter in einem großen Topf erhitzen, die Möhren dazugeben und zugedeckt bei schwacher Hitze 10 Minuten garen. Dabei gelegentlich umrühren.

2. Die Zwiebel schälen und fein hacken. Orangensaft und Gemüsebrühe dazugeben. Das Ganze zum Kochen bringen und mit Thymian, Salz und Pfeffer würzen. Die Hitze reduzieren. Die Möhren zugedeckt etwa 20 Minuten garen.

3. Den Topf vom Herd ziehen. Mit dem Schneidstab die Suppe pürieren und wieder aufwärmen. Portionsweise auf Teller verteilen und jeweils mit einem Klecks Schmand servieren.

Tomate

Die Tomate wurde jahrhundertelang irrtümlicherweise als giftiges Nachtschattengewächs gemieden, nachdem sie aus den amerikanischen Anden nach Europa gelangt war. Im 18. Jahrhundert gewährten ihr die mediterranen Länder den Zutritt in ihre Küchen. Man aß sie mit Salz, Pfeffer und Öl als Salat und bereitete aus ihr Saucen und Suppen. Zu dieser Zeit erst gelangte die rote Tomate über den Atlantik nach Europa und machte der gelben Konkurrenz.

Die geschmackvollsten Tomaten gedeihen in sonnenreichen, warmen Ländern, während die Züchtungen Nordeuropas an Aroma und Süße häufig zu wünschen übrig lassen.

Es gibt verschiedene Arten von Tomaten: gelbe Tomaten, Saft-, Fleisch-, Eier- oder Kirschtomaten. Sie alle sind unterschiedlich saftig oder fleischig und haben daher ihre spezifischen Eigenschaften, die man bei der Zubereitung berücksichtigen sollte. Fleisch- oder Eiertomaten eignen sich vor allem für Saucen und Suppen, die Safttomaten werden für Konserven verwendet und die roten und gelben runden Tomaten für Salate.

Die meisten Vitamine, vor allem Vitamin C, verbergen sich im schleimigen Kerngehäuse der Tomaten, deshalb sollte man dieses mitverarbeiten. Außerdem enthält die Tomate Folsäure und Kalium. Der rote Farbstoff, das Carotinoid Lycopin, schützt vor Krebs und stärkt die Immunkräfte des Körpers. Tomaten heben die Stimmung und wirken schlaffördernd.

Die Frische der Tomaten erkennt man am kräftigen Grün des Stils. Bei Zimmertemperatur reifen die Früchte nach. Wenn man sie kühl und dunkel lagert, z. B. im Gemüsefach des Kühlschranks, können sie einige Zeit ihre Festigkeit und Frische bewahren.

TOMATEN-ORANGEN-SUPPE

(4 Portionen)

ZUTATEN:

3 Schalotten oder 1 Zwiebel
1 EL Butter
1 kleine Chilischote
1 EL Tomatenmark
250 ml Gemüsebrühe
800 g (1 große Dose) geschälte Tomaten
3 Orangen
100 g Frischkäse natur oder Schmand
1 EL Schnittlauchröllchen
Salz, schwarzer Pfeffer a. d. Mühle

SO GELINGT'S:

1. Die Schalotten oder die Zwiebel in kleine Würfel schneiden. Die Butter in einem Topf auslassen und die Zwiebel darin glasig dünsten.

2. Die Chilischote sehr klein schneiden und zusammen mit dem Tomatenmark zu den gedünsteten Zwiebeln geben, kurz anschwitzen lassen und mit der Brühe ablöschen.

3. Die geschälten Tomaten mit einem langen Messer klein schneiden, zusammen mit der Tomatenflüssigkeit in den Topf geben und 10 Minuten köcheln lassen. Die Suppe pürieren und durch ein Sieb passieren.

4. 2 Orangen auspressen, den Saft in die Suppe rühren und mit Salz und Pfeffer abschmecken.

5. Eine Orange einschließlich der weißen Haut schälen und die Filets mit einem scharfen Messer aus den Häutchen lösen.

6. Die Suppe auf Teller füllen und zusammen mit den Orangenfilets, einem Frischkäse- oder Schmand-Häubchen und Schnittlauchröllchen servieren.

BROKKOLISAHNESUPPE

(4 Portionen)

ZUTATEN:
500 g Brokkoli
100 ml Milch
1 EL Mehl
2 EL Schmand
geriebene Muskatnuss
Salz, weißer Pfeffer

SO GELINGT'S:

1. Den Brokkoli putzen, die Röschen herauslösen und die feste Schale von den Stilen schälen.

2. So viel Salzwasser in einem Topf erhitzen, dass der Brokkoli damit knapp bedeckt ist. Sobald das Wasser kocht, die Röschen hineinlegen und etwa 10 Minuten garen, bis sie bissfest sind; zur Probe mit einem spitzen Küchenmesser oder einer Gabel in einen der Stile stechen.

3. Mit einem Schaumlöffel das Gemüse herausnehmen und in einer Schüssel beiseite stellen.

4. Die Milch mit dem Mehl verquirlen und in das Gemüsewasser einrühren, bis die Suppe langsam eindickt. Den Schmand unterrühren und mit Salz, Pfeffer und geriebener Muskatnuss abschmecken.

5. Anschließend die Röschen wieder in die Suppe zurückgeben und weitere 5 Minuten bei geringer Hitze köcheln lassen.

GURKEN-KARTOFFEL-SUPPE

(4 Portionen)

ZUTATEN:

500 g Salatgurke
500 g Kartoffeln
1 Zwiebel
125 g Schlagsahne
1 l Gemüsebrühe
1 Bund Dill
2 EL Sonnenblumenöl
Zitronensaft je nach Geschmack
Salz, schwarzer Pfeffer a. d. Mühle

SO GELINGT'S:

1. Die Gurke waschen, schälen, längs durchschneiden, mit einem Löffel die Kerne herausschaben und in fingerdicke Würfel schneiden.
2. Die Kartoffeln schälen und ebenfalls in Würfel schneiden.
3. Öl in einem Topf erhitzen.
4. In der Zwischenzeit die Zwiebel schälen, klein hacken und im heißen Fett dünsten.
5. 2/3 der Gurkenwürfel und alle Kartoffelwürfel zu den Zwiebeln geben und andünsten.
6. Währenddessen den Dill waschen und die feinen Blättchen hacken. Die Hälfte davon mit im Topf andünsten.
7. Die Brühe auffüllen und zum Kochen bringen. Anschließend bei geringerer Hitze so lange köcheln lassen, bis die Kartoffeln gar sind.
8. Die Gemüsesuppe pürieren und die Sahne unterziehen. Mit Salz, Pfeffer und etwas Zitronensaft abschmecken.
9. Das restliche Drittel Gurkenwürfel und den Rest Dill nun in die Suppe geben und noch einmal ziehen lassen. Die Gurkenwürfel sollten gerade noch bissfest sein.

SPARGELCREMESUPPE

(4 Portionen)

ZUTATEN:

800 g weißer Spargel
80 g Butter
250 g Schlagsahne
250 ml Gemüsebrühe
einige Zweige Kerbelkraut
Salz, weißer Pfeffer

SO GELINGT'S:

1. Den Spargel waschen und schälen. Die holzigen Enden und die Köpfe abschneiden. Die Köpfe beiseite legen. Die Stangen in 2-3 cm große Stücke schneiden.
2. Die Butter in einem Topf erhitzen und die Spargelstücke und -köpfe darin 10 Minuten dünsten. Die Spargelköpfe herausnehmen und beiseite legen.
3. Die Brühe zusammen mit 2/3 der Sahne über den Spargel gießen. Kurz aufkochen und weitere 5 Minuten köcheln lassen.
4. In der Zwischenzeit die restliche Sahne schlagen und beiseite stellen. Die Kerbelblättchen von den Stilen zupfen.
5. Die Spargelsuppe fein pürieren, mit Salz und Pfeffer würzen und kurz vor dem Servieren die geschlagene Sahne unterziehen.
6. Die Suppe auf 4 Teller füllen, Spargelköpfe und Kerbelblättchen zugeben und servieren.

Frische Salate

BLATTSALATE MIT PAPRIKA UND CROÛTONS

(4 Portionen)

ZUTATEN:

6 Ciabattascheiben (1 cm dick)
8 EL Sonnenblumenöl
1 Knoblauchzehe
1 TL Thymian (gerebelt oder frisch)
1 rote Paprika
1 EL Sonnenblumenkerne*
70 g Eis-, Kopf- oder Eichblattsalat
70 g Feldsalat
2 EL Balsamessig*
1 TL Senf
Zucker
Salz, Pfeffer a. d. Mühle

SO GELINGT'S:

1. Die Ciabattascheiben in 1 cm große Würfel schneiden. Den Knoblauch schälen und durchpressen. 3 EL Sonnenblumenöl in einer Pfanne erhitzen. Knoblauch und Thymian mit anrösten. Die Brotwürfel dazugeben und goldbraun rösten, dann herausnehmen.

2. Die Haut der Paprika vorsichtig abschälen, entkernen, in kleine Würfel schneiden und zusammen mit den Sonnenblumkernen in 2 EL Sonnenblumenöl leicht anrösten.

3. Die Salate putzen, waschen und trocken schleudern.

4. Balsamessig, Senf, Salz, Pfeffer, 1 Prise Zucker und das restliche Öl zu einer Vinaigrette verrühren.

5. Die Salate auf die Mitte des Tellers geben, außen herum die Paprikawürfel mit den Sonnenblumenkernen sowie den Croûtons verteilen. Den Salat mit der Vinaigrette beträufeln.

FELDSALAT MIT ÄPFEL, EI UND RADIESCHEN-DRESSING

(4 Portionen)

ZUTATEN:

150 g Feldsalat
1 Apfel
2 Eier
1/2 Bund Radieschen
100 g Joghurt
1 TL Honig
1 EL Olivenöl
Salz, schwarzer Pfeffer a. d. Mühle

SO GELINGT'S:

1. Die Eier hart kochen, abschrecken und pellen. Anschließend in dünne Scheiben schneiden. Den Feldsalat putzen, waschen und trocken schleudern. Den Apfel entkernen und in dünne Scheiben schneiden. Eier- und Apfelscheiben auf dem Salat anrichten.

2. Die Radieschen putzen, waschen und vierteln. Mit Joghurt und Honig im Mixer oder mit dem Schneidstab pürieren. Mit Salz und Pfeffer würzen, dann das Olivenöl unterziehen.

3. Das Dressing über den Salat geben und servieren.

KARTOFFEL-KOHLRABI-SALAT

(4 Portionen)

ZUTATEN:

350 g Kohlrabi
500 g Kartoffeln
4 EL Weißweinessig*
250 g Magerquark
100 ml Milch
125 g Schmand
1 TL Kümmel
100 g Friséesalat (ersatzweise anderen Blatt-salat)
50 g Frühlingszwiebeln
1 Bund Schnittlauch
150 g Kirschtomaten
4 EL Sonnenblumenöl
2 EL Nuss- oder Kürbiskernöl*
2 TL Paprikapulver (edelsüß)
Salz, weißer Pfeffer

SO GELINGT'S:

1. Kohlrabi und Kartoffeln schälen, in 2 cm große Würfel schneiden und in Salzwasser etwa 12 Minuten bissfest garen. Das Gemüse in einem Sieb abtropfen lassen, in einer Schüssel mit 3 EL Essig und etwas Salz und Pfeffer mischen.

2. Quark mit Milch, Schmand, Kümmel, Salz und Pfeffer glatt rühren und mit dem Gemüse vermengen.

3. Den Salat waschen, putzen und trocken schleudern. Die Frühlingszwiebeln putzen, das Weiße und Hellgrüne in feine Ringe schneiden. Die Tomaten halbieren und den Stielansatz entfernen. Die Hälfte vom Schnittlauch unter den Quark mischen und erneut abschmecken.

4. Den Salat mit Salz, Pfeffer, restlichem Essig und Nussöl anmachen. Das Gemüse auf den Tellern verteilen. Mit dem Sonnenblumenöl beträufeln und dem Paprikapulver bestäuben. Salat und Tomatenhälften um das Gemüse verteilen, Frühlingszwiebeln und restlichen Schnittlauch darüber streuen.

CHICORÉESALAT MIT ROSENKOHL

(4 Portionen)

ZUTATEN:

2 Chicorée
200 g Rosenkohl
1 Orange
150 g Joghurt
2 EL Honig
1 TL getrocknete Kräutermischung
2 EL Olivenöl
Salz, schwarzer Pfeffer a. d. Mühle

SO GELINGT'S:

1. Den Chicorée putzen und den Strunk entfernen. Die Blüte quer in Streifen schneiden.

2. Den Rosenkohl putzen und waschen. In kochendem Salzwasser fünf Minuten garen, kalt abschrecken und abtropfen lassen. Anschließend halbieren oder vierteln.

3. Die Orange filetieren und klein schneiden. Alle Zutaten gut vermischen.

4. Den Joghurt mit Honig und Kräutern verrühren, mit Salz und Pfeffer würzen und das Olivenöl unterziehen. Das Dressing mit dem Salat vermischen und 10 Minuten ziehen lassen.

Paprika

Die Paprikaschote kommt wie auch die Kartoffel und die Tomate aus Übersee. Kolumbus brachte sie von den karibischen Inseln mit über den Atlantik. Damals glaubte er, es handele sich um ein dem Pfeffer verwandtes Gewürz, das er in seiner Fracht hatte. Demzufolge gaben die Spanier der Frucht den Namen pimiento, von der Bezeichnung für schwarzen Pfeffer pimienta abgeleitet. Richtig daran war, dass aus getrockneter Paprika das Paprikapulver gewonnen wird und dass aus den kleinen Chilischoten aus der Familie der Paprikaschoten der scharfe Cayennepfeffer hergestellt wird. Schon damals leuchteten die Früchte in allen Farben: violett, orange, grün, rot, gelb, weiß und schwarz. Die Frucht wurde in Europa weitaus schneller in die Kochkunst eingebunden als andere Gemüsesorten. Nur ein halbes Jahrhundert dauerte es, bis man sie in südeuropäischen und asiatischen Gerichten fand.

Paprika schmeckt roh in Salaten wie auch gegart, gebacken oder gebraten, als alleinige Gemüsebeilage oder in Ragouts zusammen mit anderen Gemüsesorten, vorzugsweise Tomaten, Zucchini oder Auberginen. Die roten und gelben Früchte sind süßlicher als die grünen, die kräftiger und bittersüß schmecken.

Hervorzuheben ist der hohe Vitamin-C-Gehalt der roten Paprika, aber auch der Vitamin B1-, B2- und E-Gehalt, sowie Kalium und Folsäure in allen anderen Sorten.

Die Paprikaschoten wachsen in wärmeren Regionen vom Hochsommer bis in den Herbst hinein. Frische Paprika erkennt man an ihrer Festigkeit, sobald sich Falten bilden, beginnt sie zu welken und sollte recht bald verzehrt werden. Einige Tage lässt sie sich im Gemüsefach des Kühlschranks frisch halten.

PAPRIKASALAT MIT EI UND FETA

(4 Portionen)

ZUTATEN:

3 rote Paprikaschoten
2 gelbe Paprikaschoten
10 g kleine Kapern*
1 Knoblauchzehe
40 g Walnusskerne
5 EL Olivenöl
4 Eier
200 g Feta
1/4 Bund Petersilie
2 EL Zitronensaft
Salz, schwarzer Pfeffer a. d. Mühle

SO GELINGT'S:

1. Die Paprikaschoten vierteln, putzen und mit der Hautseite nach oben auf ein Backblech legen. Etwa 6 – 8 Minuten unter dem Grill rösten, herausnehmen und anschließend mit einem feuchten Geschirrtuch etwa 5 Minuten bedecken, dann die Haut von den Schoten abziehen.

2. Die Paprika in 1 cm breite Streifen schneiden, die Kapern in einem Sieb kalt abbrausen und abtropfen lassen. Den Knoblauch schälen und durchpressen. Die Walnüsse in einer Pfanne mit 2 EL Olivenöl goldbraun rösten, zum Schluss den Knoblauch dazugeben. Die Walnüsse nach dem Abkühlen grob hacken.

3. Die Eier hart kochen, abschrecken und pellen. Den Feta in 2 cm große Würfel schneiden.

4. Die Petersilie grob hacken. Paprikastreifen, Walnüsse, Petersilie und Kapern mit dem restlichen Olivenöl, Zitronensaft, Salz und Pfeffer mischen und auf einzelnen Tellern anrichten.

5. Die Eier halbieren und mit Feta gleichmäßig auf die Teller verteilen.

LAUWARMER PAPRIKA-ZUCCHINI-SALAT

(4 Portionen)

ZUTATEN:

3 Paprikaschoten (rot und gelb)
3 mittelgroße Zucchini
3-4 Knoblauchzehen
100 g schwarze Oliven (möglichst entsteint)*
2 EL Kapern*
15 Salbeiblätter
1 TL gerebelter Thymian (oder 1/2 Bund frischer Thymian)
3 EL Balsamessig*
100 ml Olivenöl
Salz, schwarzer Pfeffer a. d. Mühle

SO GELINGT'S:

1. Die Paprikaschoten putzen, entkernen, waschen und in 2 cm dicke Streifen schneiden. Die Zucchini waschen, längs durchschneiden und in 3 mm dünne Scheiben schneiden.

2. Knoblauch, Oliven und Kapern grob hacken. Salbeiblätter von den Stielen zupfen und ebenfalls grob hacken (das Gleiche bei frischem Thymian, ansonsten den getrockneten Thymian mit dem gehackten Salbei mischen). Die gehackten Zutaten mit dem Essig mischen und mit Salz und Pfeffer würzen.

3. Das Öl in einer großen Pfanne sehr stark erhitzen. Paprika und Zucchini hineingeben und 3-5 Minuten anbraten. Die mit Essig vermischten Zutaten zu der Pfanne geben, mit dem Gemüse vermischen und weitere 2 Minuten braten. Den Gemüsesalat lauwarm auf einer großen Platte anrichten und sofort servieren.

Tipp:

Dazu passt warmes Baguette oder auch geröstetes Ciabatta.

TOMATEN-MANGO-SALAT

(4 Portionen)

ZUTATEN:

1,2 kg Tomaten
1 Mango
2 Zitronen (unbehandelt)
8 EL Olivenöl
1 Bund Basilikum
Salz, schwarzer Pfeffer a. d. Mühle

SO GELINGT'S:

1. Die Tomaten in Scheiben schneiden. Die Mango schälen, das Fruchtfleisch in Spalten schneiden. Die Zitronen dünn schälen, die Schale in sehr feine Streifen schneiden und den Saft auspressen.

2. Tomaten und Mango abwechselnd auf Tellern anrichten, mit Salz und Pfeffer würzen. Das Olivenöl mit 4 EL Zitronensaft, Zitronenschale, Salz und Pfeffer verrühren. Basilikumblätter abzupfen, über den Salat verteilen und mit der Sauce beträufeln.

MÖHRENSALAT MIT ROSINEN UND INGWER

(4 Portionen)

ZUTATEN:

150 g Rosinen
etwa 5 cm Ingwerwurzel*
1 Zitrone
1 Orange
200 g Joghurt
400 g Möhren
Salz
1/2 TL Honig oder Zucker
50 g gehackte Walnüsse

SO GELINGT'S:

1. 500 ml Wasser zum Kochen bringen und die Rosinen damit in einer Schüssel übergießen und zur Seite stellen.
2. Den Ingwer schälen und in die Schüssel raspeln, in der das Dressing angerührt wird.
3. Die Zitrone und die Orange gründlich mit heißem Wasser abwaschen, gut trocken reiben und von jeder Frucht die Hälfte der Schale zu dem Ingwer reiben. Den Saft der jeweils anderen Hälfte auspressen und darüber gießen. Joghurt oder Sahne dazugeben und unterrühren. Das Dressing mit einer Prise Salz und Honig oder Zucker abschmecken.
4. Die Möhren schälen und grob geraspelt in eine Salatschüssel geben. Die Rosinen abgießen und hinzufügen.
5. Die Nüsse hacken und unter den Salat heben.
6. Das Dressing über den Salat verteilen und gut untermengen.

SÜSSSAURER ROTE-BETE-KARTOFFEL-SALAT

(4 Portionen)

ZUTATEN:

2 Gläser (440 g) Rote Bete
2 große fest kochende Kartoffeln
1 kleine Zwiebel
2 Äpfel
4 Gewürzgurken
4 EL Schmand oder fetten Joghurt
2 EL Weißwein- oder Rotweinessig*
3 EL Sonnenblumenöl
1/2 TL Zucker
einige Zweige Petersilie
Salz, schwarzer Pfeffer a. d. Mühle

SO GELINGT'S:

1. Die Kartoffeln schälen, in kleine Würfel schneiden und in wenig kochendem Salzwasser etwa 5-7 Minuten garen. Einen Würfel probieren, ob er bissfest ist.

2. Die Rote-Bete-Kugeln in genauso große Würfel schneiden und zusammen mit den Kartoffelwürfeln in eine Salatschüssel geben.

3. Die Zwiebel schälen und hacken. Die Äpfel schälen, vierteln und würfeln. Die Gewürzgurken in ebenso große Würfel schneiden. Alles zusammen in die Salatschüssel zu den Roten Beten geben.

4. Aus Schmand oder Joghurt, Essig, Öl, Zucker, Salz und Pfeffer eine Sauce rühren. Falls sie zu säuerlich ist, mit Zucker abschmecken.

5. Die Petersilie waschen, trocken schütteln und mit einigen Blättchen den Salat garnieren, der lauwarm zu servieren ist.

Chicorée

Der Chicorée, auch Brüsseler Salat genannt, stammt aus Belgien. Seit dem 18. Jahrhundert lagerten die Bauern im Winter Zichorienerwurzeln in Erdhügeln und ließen sie im Dunkeln austreiben. Ab Mitte des 19. Jahrhunderts wurde der Chicorée auf einer Messe in Belgien auch dem übrigen Europa als Gemüse-Novität präsentiert. Sein Anbau erfolgt im Winter. In den Benelux-Ländern, Frankreich, Italien und Deutschland werden die Pflanzen im Freiland gezogen. Die Wurzeln sind entweder mit einer Erdschicht oder einer lichtundurchlässigen Folie bedeckt, unter der sich in etwa drei Wochen Sprossen ausbilden. Diese werden geerntet, bevor das Licht die Blätter grün färbt. Chicorée eignet sich für verschiedenste Salatzubereitungen. Er schmeckt jedoch auch gegart als Gemüse hervorragend und nimmt aufgrund seiner Vielseitigkeit einen der ersten Plätze in der feinen Küche ein. Er ist reich an Provitamin A und Kalium. Außerdem enthält er Inulin und wird deshalb besonders Diabetikern empfohlen. Chicorée ist ganzjährig im Angebot und insbesondere in den Wintermonaten besonders preiswert. Die Sprosse ist frisch, so lange der Kopf fest geschlossen ist und die Blätter weiß bis blassgelb sind. Braune Blätter und ein hohler Strunk sind ein Hinweis auf mangelnde Qualität. Im Gemüsefach des Kühlschranks kann er etwa eine Woche frisch gehalten werden.

CHICORÉESALAT MIT MANDARINEN UND GORGONZOLA

(4 Portionen)

ZUTATEN:

3 mittelgroße Chicorée
3 Mandarinen (ersatzweise Mandarinen a. d.
Dose)
100 g Gorgonzola
3 EL Olivenöl
1 EL Weißweinessig*
1 TL Senf
Salz, weißer Pfeffer

SO GELINGT'S:

1. Den Chicorée putzen, waschen, längs halbieren und großzügig den Strunk herausschneiden. Die einzelnen Blätter ablösen und in eine große Salatschüssel füllen.

2. Die Mandarinen schälen und sorgfältig die weißen Fasern entfernen (Dosenmandarinen abtropfen lassen).

3. Den Gorgonzola in grobe Stücke schneiden.

4. Den Weißweinessig mit dem Senf gut verrühren, das Olivenöl unterziehen, mit Salz und Pfeffer würzen. Die Vinaigrette über den Chicorée geben und vermischen. Mandarinen und Gorgonzola dazugeben, vorsichtig unterheben und servieren.

Nudel- und Reisgerichte

Überbackenes Gemüserisotto

(4 Portionen)

Zutaten:

250 g Möhren
450 g Kohlrabi
60 g Butter
150 g Erbsen (tiefgekühlt* oder aus der Dose)
500 g Risottoreis* (ersatzweise parboiled Langkornreis)
1 Zwiebel
800 ml Gemüsebrühe
30 g Paniermehl
30 g Parmesan, ersatzweise anderen Hartkäse
1 EL Butterflöckchen
1/2 Bund Basilikum
Zucker
Salz, schwarzer Pfeffer a. d. Mühle

So gelingt's:

1. Möhren und Kohlrabi schälen und in kleine Würfel schneiden. 40 g Butter erhitzen, Gemüse, 1 Prise Zucker und 2-3 EL Wasser dazugeben und zugedeckt 3-5 Minuten garen, bis die Flüssigkeit verdampft ist. Die Erbsen unterheben.

2. Für das Risotto die Zwiebel schälen und fein würfeln. Die restliche Butter in einem Topf erhitzen. Zwiebel und Reis darin glasig dünsten. Mit der Gemüsebrühe ablöschen, offen bei mittlerer Hitze 25-30 Minuten garen. Dabei mehrmals umrühren. Mit Salz und Pfeffer würzen.

3. Risotto und Gemüse mischen. Das Basilikum hacken und unterheben. Das Gemüserisotto in eine feuerfeste Form füllen. Paniermehl mit dem geriebenen Käse mischen und auf das Risotto streuen. Mit Butterflöckchen belegen. Im vorgeheizten Backofen bei 220 Grad (Gas 3-4, Umluft 10 Minuten bei 200 Grad) auf der 2. Einschubleiste von unten 10-13 Minuten überbacken.

KRAUTFLECKERLN MIT FETA

(4-6 Portionen)

ZUTATEN:

1 kleiner Weißkohl
6 Knoblauchzehen
100 g Butter
250 ml Gemüsebrühe
500 g Bandnudeln
250 g Feta
1 TL Kümmel
2 EL Paprikapulver (edelsüß)
1 TL Paprikapulver (rosenschaf)
Salz

SO GELINGT'S:

1. Den Weißkohl putzen, vierteln, den Strunk herausschneiden und die Viertel in feine Streifen schneiden. Knoblauchzehen schälen und in dünne Scheiben schneiden. 50 g Butter in einem Schmortopf zerlassen. Kohlstreifen und Kümmel in den Topf geben und unter Rühren andünsten. Mit Salz würzen und die Gemüsebrühe aufgießen. Den Kohl zugedeckt 12-15 Minuten bissfest garen.

2. Die Bandnudeln in reichlich kochendem Salzwasser nach Packungsanweisung garen.

3. In der Zwischenzeit die restliche Butter in einer Pfanne aufschäumen lassen. Den Knoblauch schälen und in feine Scheiben schneiden. Knoblauchscheiben und Paprikapulver dazugeben und etwa 1 Minute unter Wenden erhitzen. Vorsicht: Die Butter darf nicht anbrennen, da sonst Paprika bitter wird!

4. Die Nudeln in einem Durchschlag abgießen und abtropfen lassen. Den Feta zerkrümeln. Nudeln und Kohl lagenweise mit dem Feta in eine vorgewärmte Schüssel schichten. Heiße Paprika-Knoblauch-Butter darüber gießen und mit etwas Feta bestreuen.

NUDELN MIT KÄSESAUCE, BASILIKUM UND HASELNÜSSEN

(4 Portionen)

ZUTATEN:

200 g Raclette-Käse*
100 g Haselnusskerne
250 g Schlagsahne
50 g Butter
400 g Bandnudeln
2 Bund Basilikum
1 Knoblauchzehe
Salz, schwarzer Pfeffer a. d. Mühle

SO GELINGT'S:

1. Die Haselnüsse im vorgeheizten Backofen bei 175 Grad (Gas 2, Umluft 8-10 Minuten bei 175 Grad) etwa 10-12 Minuten goldbraun rösten. In ein Sieb schütten, kalt werden lassen und die braune Haut abreiben. Die Nüsse im Gefrierbeutel mit einer Küchenrolle grob zerdrücken.

2. Die Bandnudeln nach Packungsanweisung kochen, dann abgießen. In der Zwischenzeit für die Käsesauce die Sahne im Topf zum Kochen bringen. Den Käse entrinden, grob würfeln, in die kochende Sahne geben und mit einem Schneebesen glatt rühren. Zum Schluss die Butter mit dem Schneidstab einrühren. Mit Salz und Pfeffer würzen.

3. Die Basilikumblätter von den Stielen zupfen, ein paar Blätter zum Dekorieren beiseite legen. Die anderen Blätter grob hacken.

4. Eine vorgewärmte Schüssel mit einer gepellten, halbierten Knoblauchzehe ausreiben. Nudeln mit Nüssen und gehackten Basilikumblättern in eine Schüssel schichten. Mit etwas Käsesauce begießen und mit den restlichen Basilikumblättern garnieren. Restliche Käsesauce dazu servieren.

Porree

Der Porree als Kulturpflanze wurde seit dem frühen Mittelalter von Italien aus ins restliche Europa gebracht. Als Gemüsepflanze war er jedoch schon bei den Ägyptern, Griechen und Römern in Verwendung. Vom 16. bis zum 18. Jahrhundert verschmähten ihn insbesondere adlige Gesellschaftskreise, nicht jedoch die Landbevölkerung, für die der Porree, auch Lauch genannt, sommers wie winters unter jeglichen Klimabedingungen eine gesunde Mahlzeit bot. Vermutlich aus jener Zeit stammt aus England seine Bezeichnung als »Spargel des armen Mannes«. Heute gilt der Porree als unverzichtbarer Bestandteil einer abwechslungsreichen Küche. Für Suppen und Eintöpfe ist er unerlässlich, er eignet sich aber auch bestens für herzhafte Gratins und als Gemüsebeilage. Bezüglich seiner Wachstumsbedingungen ist der Porree recht anspruchslos. Er gedeiht überwiegend im Freien, nur für die zeitige Frühjahrsernte wird er im Gewächshaus kultiviert. Winterharter Porree bleibt einfach auf dem Feld; das Anhäufeln der Erde schützt ihn vor dem Erfrieren, und so erntet man ihn nach Bedarf. Frischen Porree erkennt man an glatten Stangen mit hellem Wurzelansatz. Verfärbte oder gar schleimige Stangen, stark geöffnete, schlaffe oder gelbliche Blätter sind ein Zeichen für sein Welken. Frisch lässt er sich durchaus im Gemüsefach des Kühlschranks einige Tage lagern, doch Vorsicht! Das starke Aroma des Porrees überträgt sich schnell auf die übrigen Lebensmittel, sodass alles im Kühlschrank nach ihm riecht und schmeckt. Besser ist es, den eingekauften Porree noch am selben Tag zuzubereiten.

PORREELASAGNE MIT HASELNUSSBLÄTTCHEN

(4 Portionen)

ZUTATEN:

1 kg Porree
125 g Butter oder Margarine
60 g Mehl
250 ml Milch
250 ml Gemüsebrühe
100 g mittelalten Gouda
200 g Kräuterschmelzkäse
1 Paket tiefgekühlte Kräuter*
12 Lasagneblätter*
50 g Haselnüsse
Muskat
Salz, schwarzer Pfeffer a. d. Mühle

SO GELINGT'S:

1. Den Porree putzen, waschen, in breite Ringe schneiden. In 40 g Fett 5 Minuten andünsten. Mit Salz, Pfeffer und Muskat würzen. Mit einer Kelle herausheben und abtropfen lassen.

2. 60 g Fett zerlassen. Das Mehl darin anschwitzen. Milch und Gemüsebrühe dazugießen und 5-10 Minuten bei schwacher Hitze kochen, dabei ständig mit einem Schneebesen umrühren. Den Gouda reiben und mit dem Schmelzkäse in der Sauce schmelzen lassen. Die Kräuter unterrühren, mit Salz und Pfeffer würzen.

3. Etwas Sauce in eine gefettete Auflaufform geben. Dann Lasagneblätter, Porree und restliche Sauce abwechselnd in die Form schichten.

4. Im vorgeheizten Backofen bei 200 Grad (Gas 3, Umluft 175 Grad, nach 25 Minuten eventuell mit Alufolie abdecken) auf der 2. Einschubleiste von unten 35-40 Minuten backen. Die Haselnüsse in feine Blättchen schneiden. Nach 20 Minuten Haselnussblättchen und 25 g Fett in Flöckchen darüber streuen. Nach dem Backen 10 Minuten ruhen lassen und dann servieren.

NUDELPFANNE MIT FETA

(4 Portionen)

ZUTATEN:

500 g Champignons
1 Bund Suppengrün
60 g Bratfett
600 g Bandnudeln
1 große Dose Tomaten
200 g Feta
1 Bund Schnittlauch
Zucker
Salz, schwarzer Pfeffer a. d. Mühle

SO GELINGT'S:

1. Die Nudeln nach Packungsanleitung kochen.
2. In der Zwischenzeit die Champignons abreiben und halbieren. Das Suppengrün putzen, waschen und klein würfeln. Das Bratfett erhitzen und die Champignons scharf anbraten. Die Gemüsewürfel untermischen.
3. Die Nudeln abgießen und abtropfen lassen. Zu den Pilzen und dem Gemüse geben und 5-7 Minuten mitbraten. Mit Salz und Pfeffer würzen.
4. Den Tomatensaft abgießen und die Tomaten grob teilen. Mit Salz, Zucker und Pfeffer bestreuen und zwischen die Nudeln und das Gemüse verteilen.
5. Den Käse zerbröckeln, darüber streuen und leicht schmelzen lassen. Den Schnittlauch in kleine Röllchen schneiden, über die Nudelpfanne geben und servieren.

BANDNUDELN MIT BROKKOLIRÖSCHEN UND FRISCHEN KIRSCHTOMATEN

(4 Portionen)

ZUTATEN:

500 g Bandnudeln
10 Basilikumblätter
3 Zweige Petersilie
2 Frühlingszwiebeln
2 kleine Knoblauchzehen
2 EL Senf
125 g sehr weiche Butter
2 große Brokkoliköpfe
1 EL Olivenöl
10 Kirschtomaten
Salz, schwarzer Pfeffer a. d. Mühle

SO GELINGT'S:

1. Die Nudeln kochen.
2. Petersilie und Basilikum waschen, trocken schütteln und hacken. Die Frühlingszwiebeln in dünne Scheiben schneiden, dabei grüne und weiße Teile voneinander getrennt halten. Den Knoblauch schälen.
3. Senf und Butter in einer kleinen Schüssel verrühren, gehackte Kräuter und weiße Scheibchen der Frühlingszwiebeln dazugeben und Knoblauch hineinpressen. Das Ganze gut verrühren.
4. Den Brokkoli waschen, kleine Röschen herauslösen und etwa 5 Minuten in wenig kochendem Salzwasser mit einem Schuss Öl garen.
5. Währenddessen die Kirschtomaten waschen und halbieren.
6. Nudeln und Brokkoli abtropfen lassen. Inzwischen die Butter-Senf-Kräuter-Masse im Topf auslassen, Nudeln und Brokkoli wieder hineingeben und 5 Minuten bei geringer Hitze darin wenden.
7. Anschließend in eine Schüssel geben, mit dem Grün der Frühlingszwiebeln und Tomaten garnieren und mit Salz und Pfeffer abschmecken.

CURRYREISSALAT

(4 Portionen)

ZUTATEN:

2 Tassen parboiled Reis
1 Tasse Erbsen a. d. Dose
2 Äpfel
1 EL Rosinen
30 g geröstete Mandelsplitter
1 cm frische Ingwerwurzel*
2 kleine Zwiebeln
3 EL Olivenöl
1-2 EL Currypulver
2 EL Weißweinessig*
1 Prise Salz

SO GELINGT'S:

1. Den Reis nach Vorschrift kochen.
2. Während der Reis kocht, Äpfel und Zwiebeln schälen und in kleine Würfel schneiden.
3. Die Rosinen mit heißem Wasser in einer Schüssel überbrühen und beiseite stellen.
4. Das Öl in einer Pfanne erhitzen und die Zwiebeln darin glasig dünsten. Währenddessen den Ingwer schälen, fein hacken und anschließend zusammen mit dem Currypulver und den Erbsen in die Pfanne zu den Zwiebeln geben und etwa 1 Minute bei geringer Hitze weiterdünsten lassen.
5. Die Mandeln in kaltem Wasser einweichen lassen. Die Schale abziehen, anschließend in Stifte schneiden und in einer anderen beschichteten Pfanne ohne Fett rösten.
6. Den Reis in eine Schüssel geben. Die Zwiebelpfanne, die gerösteten Mandeln und die abgegossenen Rosinen unter den Reis heben, mit Essig und Salz abschmecken und kalt stellen.

CHAMPIGNONRISOTTO
(4 Personen)

ZUTATEN:
1 l Gemüsebrühe
250 ml Weißwein
1 EL Olivenöl
30 g Butter
2 Porreestangen
500 g Champignons
450 g Risottoreis* (ersatzweise Milchreis)
2 EL Petersilie
50 g Parmesan

SO GELINGT'S:

1. Brühe und Wein in einem Topf zum Kochen bringen, die Hitze auf Siedetemperatur reduzieren.

2. Den Porree putzen, waschen und in feine Ringe schneiden. Die Champignons abreiben, den Stielansatz entfernen und in Scheiben schneiden. Olivenöl und Butter in einem großem Topf erhitzen. Den Porree darin in 5 Minuten goldgelb braten. Die Champignons dazugeben und 3 Minuten braten. Den Reis hinzufügen und so lange braten, bis die Körner glasig werden.

3. 250 ml der heißen Wein-Brühe-Mischung an den Reis gießen und bei mittlerer Hitze rühren, bis sie gut aufgenommen ist. Nach und nach jeweils etwa 125 ml Flüssigkeit angießen. Immer so lange unter Rühren weiterkochen lassen, bis die Flüssigkeit vom Reis aufgenommen wurde. Wenn der Reis unter Zugabe der letzten Flüssigkeit noch nicht ganz gar sein sollte, dann sollte man nach und nach etwas heißes Wasser aufgießen, bis das Risotto gar ist.

4. Die Petersilie hacken, und den Parmesan reiben und das Risotto portionsweise auf Tellern verteilen. Mit Petersilie und Parmesan garnieren und servieren.

ZUCCHINI-REIS-AUFLAUF

(4 Portionen)

ZUTATEN:

250 g Reis
300 g Zucchini
1 Knoblauchzehe
80 g Emmentaler in dünnen Scheiben
2 EL geriebener Parmesan
2 EL Olivenöl
1 EL Paniermehl
50 g Butter
Salz, schwarzer Pfeffer a. d. Mühle

SO GELINGT'S:

1. Die Zucchini waschen, Spitzen und Stilansätze abschneiden und in Scheiben schneiden.
2. Öl in einer Pfanne erhitzen.
3. Den Knoblauch schälen, hacken und kurz in dem heißen Öl anschwitzen. Die Zucchinischeiben dazugeben, mit dem Knoblauch vermengen, salzen und pfeffern und von beiden Seiten goldbraun anbraten.
4. In der Zwischenzeit den Reis etwa 10 Minuten in Salzwasser gar kochen. Wasser abgießen und den Reis mit geriebenem Parmesan und 20 g Butter vermengen.
5. Eine Auflaufform mit Butter ausfetten, den Boden mit Reis bedecken, darüber einige Scheiben Zucchini verteilen, dann eine Schicht Emmentaler-Scheiben. Lagenweise die Zutaten darüber schichten. Die oberste Schicht ist mit Reis und Emmentaler-Scheiben bedeckt. Die restliche Butter darauf in Flöckchen verteilen und mit Paniermehl bestreuen.
6. Den Backofen auf 210 Grad (Gas 4, Umluft 190 Grad) vorheizen und den Auflauf etwa 15 Minuten goldbraun überbacken.

Tipp:
Servieren Sie als Beilage Blattsalat mit frischem Gemüse der Saison und einer Vinaigrette.

BOHNENRISOTTO

(4 Portionen)

ZUTATEN:

1 l Gemüsebrühe
250 l Weißwein
1 Dose Kidneybohnen
450 g Risottoreis* (ersatzweise Milchreis)
30 g Butter
1 Zwiebel
50 g Parmesan

SO GELINGT'S:

1. Brühe und Wein in einem Topf zum Kochen bringen. Die Hitze reduzieren und auf geringster Stufe warm halten.
2. Die Zwiebel schälen und klein hacken.
3. Die Butter in einer großen Pfanne oder einem großen Topf erhitzen, die gehackte Zwiebel andünsten, dann den Reis dazugeben und anbraten, bis er glasig geworden ist. 250 ml von der Wein-Brühe-Mischung aufgießen und so lange kochen lassen, bis die Flüssigkeit aufgenommen wurde. Nach und nach etwa 125 ml Wein-Brühe aufgießen und so lange einkochen lassen, bis der Reis die Flüssigkeit aufgenommen hat.
4. Die Bohnen abgießen und kurz abspülen. Zu dem Reis geben und ein letztes Mal Flüssigkeit aufgießen. Sollte der Reis noch nicht ganz gar sein, kann noch ein wenig Wasser zugegeben werden.
5. Den Parmesan reiben und zu dem Risotto servieren.

GEFÜLLTER KNOLLEN-SELLERIE MIT TOMATEN-RISOTTO

(4 Portionen)

ZUTATEN:

4 große Sellerieknollen
4 Frühlingszwiebeln oder kleine Zwiebeln
1 l Gemüsebrühe
5 EL Butter
300 g Reis
200 g Tomaten
2 EL Tomatenmark
1 Ei
50 g geriebenen Emmentaler
Salz, schwarzer Pfeffer a. d. Mühle

SO GELINGT'S:

1. Die Sellerieknollen putzen und schälen.

2. In Salzwasser 20 Minuten köcheln lassen.

3. Die Brühe aufkochen.

4. 2 EL Butter in einer Kasserolle auslassen. Die Zwiebeln schälen, klein hacken und in Butter glasig dünsten. Den Reis dazugeben, mit einem Schöpflöffel nach und nach heiße Brühe angießen, sodass der Reis immer feucht bleibt und gart.

5. Die Tomaten waschen, halbieren, den Stilansatz herausschneiden, klein hacken und mit Tomatenmark unter den Reis rühren. Mit Salz und Pfeffer abschmecken. 5 Minuten ziehen lassen.

6. Von den gegarten Sellerieknollen Deckel abschneiden, das Innere der Knollen mit einem Löffel herausschälen, hacken und mit einem Viertel des Risottos und dem Ei vermengen. Mit Salz und Pfeffer abschmecken und in die Sellerieknollen füllen.

7. Backofen auf 200 Grad (Gas 3-4, Umluft 180 Grad) vorheizen.

8. In die ausgefettete Auflaufform die gefüllten Sellerieknollen hineinsetzen, geriebenen Käse darüber streuen und restliche Butter in Flocken auf den Knollen verteilen.

9. Auf der mittleren Schiene des Backofens etwa 30 Minuten überbacken.

10. In der Zwischenzeit das restliche Risotto erwärmen und als Beilage servieren.

Gemüse als Hauptspeise

Blumenkohl

»Reif« zum Verzehr ist ein Blumenkohl dann, wenn er vom botanischen Standpunkt aus noch nicht einmal eine Knospe ist. Der Blütenstand hat sich lediglich zu einer kompakten Masse verdichtet, die sich bereits nach wenigen Tagen auflockert, weil sich die Blütenästchen strecken, um einzelne Knospen zu bilden. Bevor dieser Wachstumsschritt einsetzt, muss er unbedingt geerntet werden.

Die Herkunft dieser Kohlsorte ist nicht zuverlässig belegt. Vermutlich aus China kommend, gelangte er in den Nahen Osten, um dann im 12. Jahrhundert von Spanien aus über die üblichen Handelswege seinen Weg durch ganz Europa zu nehmen.

Frisch ist der Blumenkohl natürlich am bekömmlichsten, lange gelagert beginnt er zu riechen und schmeckt dann auch nicht mehr.

Heftige Geschmackseinbußen verursachen beim Blumenkohl auch zu lange Garzeiten. Ob man ihn als ganzen Kopf inklusive Strunk – der ist nämlich essbar – oder in einzelne Röschen zerlegt gart, spielt keine Rolle. Wichtig ist, dass der Kohl bissfest bleibt, zerkocht wird er grau und unangenehm weich mit einem ranzigen Nachgeschmack. Seine wertvollen Vitamine A und C sowie die Mineralien Kalium, Eisen und Zink bleiben ohnehin nur durch schonendes Garen erhalten. Ein kleiner Hausfrauentip bei Blumenkohl: Ein Schuss Milch im Kochwasser erhält die weiße Farbe. Beim Kauf eines Blumenkohls sollte man darauf achten, dass er angenehm riecht, die Röschen fest und die grünen Hüllblätter saftig sind. In diesem Zustand lässt sich ein frischer Kohl durchaus noch einige Tage im Kühlschrank lagern.

BLUMENKOHLAUFLAUF

(4 Portionen)

ZUTATEN:

1 Blumenkohl
500 g Kartoffeln
30 g Mehl
30 g Butter oder Margarine
250 ml Gemüsebrühe
250 ml Milch
200 g Sahneschmelzkäse
2 Scheiben Gouda
Muskat
Fett für die Form
Salz, schwarzer Pfeffer a. d. Mühle

SO GELINGT'S:

1. Den Blumenkohl putzen und in Röschen teilen. Die Kartoffeln schälen, in Scheiben schneiden und beides in kochendem Salzwasser 5 Minuten blanchieren.

2. Das Mehl in der Butter oder Margarine anschwitzen. Mit Brühe und Milch ablöschen und unter Rühren 5 Minuten kochen. Den Schmelzkäse einrühren.

3. Die Sauce mit Salz, Pfeffer und Muskat würzen. Eine Auflaufform ausfetten und Kartoffelscheiben und Blumenkohl hineinfüllen. Die Sauce darüber gießen und mit den Käsescheiben belegen.

4. Im vorgeheizten Backofen bei 200 Grad (Gas 3, Umluft 15 Minuten bei 200 Grad) auf der 2. Einschubleiste von unten 20-25 Minuten überbacken und servieren.

FENCHELAUFLAUF

(4 Portionen)

ZUTATEN:

500 g Fenchel
1 Zwiebel
3 EL Olivenöl
100 ml Milch
2 Eier
150 g mittelalter Gouda
Muskat
Salz, schwarzer Pfeffer a. d. Mühle

SO GELINGT'S:

1. Vom Fenchel den Strunk entfernen, das feine Grün abzupfen und hacken. Die Fenchelknollen waschen und in Streifen schneiden. Die Zwiebel fein hacken. Eine ofenfeste Form mit dem Öl ausfetten und Fenchelstreifen und gehackte Zwiebel einschichten.

2. Die Milch mit den Eiern verquirlen, das gehackte Fenchelgrün dazugeben und mit Muskat, Salz und Pfeffer würzen.

3. Die Masse über den Fenchel gießen. Den Käse reiben und den Auflauf damit bestreuen.

4. Im vorgeheizten Backofen bei 180 Grad (Gas 2, Umluft 150 Grad) 35 Minuten backen.

Tipp:
Dazu passen Petersilienkartoffeln oder auch Reis.

ÄPFEL-KARTOFFEL-AUFLAUF

(4 Portionen)

ZUTATEN:
2 große Kartoffeln
3 mittelgroße grüne Äpfel
1 Zwiebel
250 g Schlagsahne
geriebene Muskatnuss
Salz, schwarzer Pfeffer a. d. Mühle

SO GELINGT'S:
1. Die Kartoffeln schälen und in dünne Scheiben schneiden. Die Äpfel schälen, vierteln und entkernen. Ebenfalls in dünne Scheiben schneiden. Die Zwiebel schälen und in dünne Ringe schneiden.
2. Kartoffeln, Äpfel und Zwiebeln abwechselnd in eine gebutterte, ofenfeste Form schichten.
3. Den Käse reiben und gleichmäßig auf dem Auflauf verteilen.

4. Die Sahne mit etwas Salz, Pfeffer und Muskat würzen und ebenfalls gleichmäßig über den Auflauf gießen.
5. Im vorgeheizten Backofen bei 180 Grad (Gas 3, Umluft 160 Grad) etwa 45 Minuten goldbraun backen. Vor dem Servieren noch etwa 5 Minuten ruhen lassen.

KOHLROULADEN MIT WALNÜSSEN

(6 Portionen)

ZUTATEN:
1 Weißkohl
350 g Kartoffeln (mehlig kochend)
200 g Möhren
150 g Porree
4 Zwiebeln
100 g Walnusskerne
8 EL Olivenöl
25 g Butter

25 g Mehl
300 ml Gemüsebrühe
100 ml Weißwein
100 g Schlagsahne
2 EL Kümmel
1 TL Paprikapulver (edelsüß)
Salz, schwarzer Pfeffer a. d. Mühle

SO GELINGT'S:

1. Strunk vom Weißkohl herausschneiden und ihn 10-12 Minuten in kochendem Salzwasser blanchieren. Kartoffeln und Möhren schälen, längs halbieren und in 1/2 cm schräge Scheiben schneiden. Den Porree putzen und in 1/2 cm dünne Ringe schneiden. 2 Zwiebeln schälen und in feine Streifen schneiden. Walnusskerne grob hacken.

2. Die Möhren in 3 EL heißem Olivenöl 1 Minute andünsten. Porree, Zwiebeln und 70 g Walnüsse dazugeben, 3 Minuten dünsten und abkühlen lassen. Den Kohl abschrecken. 12 große Blätter abzupfen und auf ein Geschirrtuch legen. Die Kartoffeln fein reiben, mit dem Gemüse vermengen und mit Paprikapulver, Salz und Pfeffer würzen. Jeweils 2 Kohlblätter überlappend aufeinander legen und das Gemüse darauf verteilen. Die Ränder leicht einschlagen und die Blätter zu Rouladen rollen. Mit Küchengarn zubinden.

3. Restliches Olivenöl in einem Schmortopf erhitzen, die Rouladen etwa 1 Minute von allen seiten anbraten, mit 300 ml Wasser ablöschen und bei 190 Grad im vorgeheizten Backofen auf der 3. Einschubleiste von unten 35-40 Minuten zugedeckt garen (Gas 2-3, Umluft 175 Grad).

4. Für die Sauce restliche Zwiebeln schälen, fein würfeln und in Butter glasig dünsten. Das Mehl darüber stäuben, kurz anschwitzen. Mit Gemüsebrühe und Weißwein ablöschen und aufkochen. Sahne und Kümmel dazugeben, bei mittlerer Hitze 5 Minuten kochen und abschmecken. Die Rouladen aus dem Backofen nehmen und das Küchengarn entfernen. Die Rouladen mit Sauce und restlichen Nüssen anrichten.

FOLIENKARTOFFEL MIT CHAMPIGNONRAGOUT

(4 Portionen)

ZUTATEN:

4 große Kartoffeln
750 g Champignons
2 Zwiebeln
30 g Butterschmalz
200 g Schmand
1-2 EL helles Saucenbindemittel
Salz, schwarzer Pfeffer a. d. Mühle
Alufolie

SO GELINGT'S:

1. Die Kartoffeln waschen und in Salzwasser 10 Minuten vorkochen. Die Kartoffeln abgießen, einzeln in Alufolie wickeln und im vorgeheizten Backofen bei 225 Grad (Gas 4, Umluft 225 Grad) 20 Minuten backen.

2. Die Champignons putzen und vierteln. Die Zwiebeln schälen und fein würfeln, dann im heißen Butterschmalz glasig dünsten. Die Champignons dazugeben und so lange weiterbraten, bis die Flüssigkeit vollständig verdampft ist.

3. Den Schmand dazugeben und unterrühren, zum Kochen bringen, mit Salz und Pfeffer würzen. Das Saucenbindemittel einstreuen und nochmals aufkochen lassen.

4. Die Kartoffeln kreuzweise einschneiden, auseinanderdrücken, mit dem Champignonragout füllen und servieren.

Kräuter

Die gebräuchlichsten Küchenkräuter, die frisch und unverkocht jedem Gericht das kulinarische i-Tüpfelchen verleihen, sind *Basilikum*, *Petersilie*, *Kerbel*, *Schnittlauch* und *Dill*. Seltener werden *Minze* und *Estragon* verwandt, da sie von intensivem Geschmack sind und nicht zu allen Speisen passen. Frische Kräuter verfeinern jedes Gericht und sind zudem gesund. *Petersilie* wurde bereits im alten Rom als Gewürz verwendet und enthält reichlich Vitamin C, Karotin, Kalium und Calcium. *Schnittlauch* gehört vor allem in der englischen Küche schon seit Jahrhunderten in Omeletts. Der besonders zarte, aber würzige Geschmack geht beim Kochen verloren. In Röllchen geschnitten eignet er sich zum Würzen von kalten Speisen wie Quarkcremes, Salatsaucen oder zum Garnieren. Der feine süßliche, anisähnliche Geschmack des *Kerbelkrauts* tritt besonders in unverkochter Form hervor. Wenn überhaupt in heiße Speisen, sollte dieses Kraut gehackt kurz vor dem Servieren hineingestreut werden oder als kleines Zweiglein garnieren. Kerbel gibt Saucen und Cremesuppen eine feine Note. Ihm wird nachgesagt, dass er müde Männer munter macht. *Basilikum* lässt schon als Ableitung des Wortes *basilikon* (königlich) seinen Wert für die Verfeinerung von Gerichten erahnen. Unerlässlich ist dieses Kraut für die Zubereitung von Tomatenspeisen, ob gekocht oder frisch, oder auch zu Nudel- und Reisgerichten. *Dill* sollte ausschließlich frisch und unverkocht verwendet werden. Die feinen Zweiglein werden klein geschnitten und als Garnierung auf Suppen oder Salate gestreut oder in Saucen gerührt. Neben seiner würzenden Wirkung soll Dill Schlaflosigkeit bekämpfen und Magenkoliken lindern. Das süßliche Aroma des *Estragons* eignet sich vor allem für Salatsaucen, zum Verfeinern von Ei-, Kartoffel- und Geflügelgerichten. Getrocknet sollte es sparsam verwendet werden, da es sonst geschmacklich leicht dominieren kann. Die *grüne Minze* verwendet man vor allem zum Kochen. Sie verleiht Salatsaucen, aber auch Fleischgerichten und Suppen eine raffinierte Note. Und wer kennt nicht den unvergleichlichen Geschmack der Minze in Cocktails wie Mai Tai oder Caipirinha. Im Badewasser belebt Minze die müden Geister und soll sogar erotische Lustlosigkeit vertreiben.

Rosmarin, *Thymian*, *Salbei* und *Oregano* oder *Majoran* zählen zu den Kräutern, die maximal 30 Minuten mitzukochen sind, damit sie ihr volles Aroma entfalten. Bei keinem Italienurlaub sollte man versäumen, sich einen Zweig *Rosmarin* von einem Strauch zu pflücken und die Nadeln fein gehackt in der ersten Tomatensauce daheim mitzukochen. Der würzige Geschmack wird einen sogleich an die mediterrane Unbeschwertheit erinnern. Es würzt aber auch vorzüglich Brat- oder Backkartoffeln und Fleischgerichte aller Art, vor allem Lammfleisch. Im Badewasser sorgt Rosmarin für die Entspannung von Geist und Körper. Als kräftiges Gewürzkraut kann er zur Not auch den *Thymian* ersetzen, dessen würzig-pikantes Aroma sich in Saucen, klaren Suppen und Fleischgerichten, vor allem Wild, entfaltet. Frische Thymianzweige können im Ganzen mitgekocht werden, getrockneter, gerebelter Thymian hingegen sollte mit Vorsicht in die Speisen gestreut werden, da er die dreifache Würzkraft im Vergleich zum frischen Kraut besitzt.

Oregano und *Majoran* sind sich in ihrer Pflanzenform wie auch geschmacklich sehr ähnlich und können in der Küche einander ersetzen. Oregano ist eine Wildform des Majorans und etwas pfeffriger im Geschmack. Beide Kräuter gehören getrocknet oder frisch in Saucen zu Nudel- und Reisgerichten, in Suppen und auf Pizza gestreut und frisch gehackt auch an Salate. In Mexiko ist Oregano unverzichtbar im berühmten Chili con Carne. Die frischen, gehackten *Salbeiblätter* eignen sich besonders gut zu Tomatengerichten, können in Butter gedünstet zu Nudeln gereicht und in Eintöpfe gestreut werden oder Fleischgerichte würzen. Der feine, leicht süßliche Geschmack erlaubt die großzügige Verwendung des Krauts. Salbei gedeiht mühelos auch in unseren nördlichen Breitengraden.

KRÄUTERKOHLRABI AUS DEM BACKOFEN

(4 Portionen)

ZUTATEN:

700 g kleine Kartoffeln
5 Kohlrabi
5 El Olivenöl
1 große Dose geschälte Tomaten
2 Bund Frühlingszwiebeln
Thymian gerebelt oder 1 frischer Bund
Salbei getrocknet oder 1 frischer Bund
250 ml Gemüsebrühe
Zucker
Salz, schwarzer Pfeffer a. d. Mühle

SO GELINGT'S:

1. Die Kartoffeln 10 Minuten kochen, abschrecken, pellen und salzen.
2. Die Kohlrabi in der Zwischenzeit schälen und achteln, mit Salz und einer Prise Zucker würzen.
3. Kartoffeln und Kohlrabiachtel mit 4 EL Öl bepinseln und auf einer Saftpfanne verteilen.
4. Gerebelten oder grob zerzupften Thymian und Salbei über das Gemüse streuen.
5. Im vorgeheizten Backofen bei 175 Grad (Gas 2, Umluft 160 Grad) auf der 2. Einschubleiste von unten insgesamt 45 Minuten backen.
6. Während der Backzeit die Tomaten aus der Dose abgießen und abspülen. Tomaten ausdrücken, grob zerkleinern, mit Salz, einer Prise Zucker und Pfeffer würzen.
7. Die Frühlingszwiebeln putzen, das Grün in Ringe schneiden und beiseite legen.
8. Nach 25 Minuten Backzeit Kartoffeln und Kohlrabi wenden. Frühlingszwiebeln und Tomaten dazwischen verteilen. 200 ml Gemüsebrühe dazugießen und zu Ende garen.
9. Währenddessen das Grün der Frühlingszwiebeln im restlichen Öl andünsten, mit der restlichen Brühe einmal aufkochen, über die Gemüsepfanne verteilen und servieren.

ROSENKOHLAUFLAUF MIT NUSSKRUSTE

(4-6 Portionen)

ZUTATEN:

1 kg Rosenkohl
1 kg Kartoffeln (fest kochend)
300 g Schlagsahne
2 Eigelb, 1 Ei
20-30 g Haselnusskerne
1 kleine Dose geschälte Tomaten
1 Zwiebel
3 EL Olivenöl
1/2 Bund Schnittlauch
Thymian
geriebene Muskatnuss
Zucker
etwas Fett für die Form
Salz, schwarzer Pfeffer a. d. Mühle

SO GELINGT'S:

1. Den Rosenkohl putzen und am Stielansatz kreuzweise einschneiden. In kochendem Salzwasser etwa 7 Minuten blanchieren, abschrecken und abtropfen lassen. Den Rosenkohl halbieren. Die Kartoffeln schälen, in dünne Scheiben schneiden, 3 Minuten in kochendem Salzwasser blanchieren und ebenfalls abtropfen lassen.

2. Eine Auflaufform ausfetten. Schichtweise Kartoffelscheiben, Thymian und Rosenkohl in die Form einfüllen. Sahne, Eigelb und Ei verquirlen, mit Salz, Pfeffer und Muskatnuss herzhaft würzen und über den Auflauf gießen. Haselnüsse in feine Blättchen schneiden und darauf verteilen.

3. Im vorgeheizten Backofen bei 190 Grad auf der 2. Einschubleiste von unten 50–60 Minuten backen (Gas 3, Umluft 30-35 Minuten bei 190 Grad, die letzten 10 Minuten abdecken). Anschließend den Auflauf auf einem Rost etwas auskühlen lassen, dann servieren.

4. In der Zwischenzeit die Dosentomaten abtropfen lassen. Die Zwiebel klein schneiden und im erhitzten Öl andünsten. Die Tomaten dazugeben und 10–15 Minuten einkochen. Mit Salz, Pfeffer und einer Prise Zucker würzen. Die Sauce mit Schnittlauchröllchen bestreut zum Auflauf servieren.

Spargel

Der Spargel gehört zur Familie der Zwiebelgewächse. Er bildet unter der Erde einen Wurzelstock, der im Frühjahr verschieden dicke Sprossen nach oben treibt. Ursprünglich stammt der Spargel von den sandigen Meeresdünen und den Steppengebieten Vorderasiens und gelangte von dort allmählich nach West- und Mitteleuropa. Seit jeher gilt er als Luxusgemüse, das schon immer seinen Preis hatte. Julius Cäsar genoss ihn jedenfalls mit zerlassener Butter, eine klassische Zubereitungsweise, die noch heute sehr beliebt ist. Traditionell wird in Deutschland der weiße Spargel angebaut. Er wächst unter angehäuften Erdwällen und wird gestochen, sobald der Kopf die Erde leicht anhebt. Erst an der Luft verfärben sich die Spitzen lila oder grün. Mittlerweile ist auch der grüne Spargel häufig im Angebot, obwohl er viele Jahre lang als kulinarische Notlösung galt. Er wächst über der Erde, braucht nicht geschält zu werden und ist würziger und kräftiger im Geschmack. Die heimische Erntezeit für den weißen Spargel zwischen spätem Frühjahr und Frühsommer ist kurz und sollte reichlich ausgenutzt werden. Beim Kauf immer darauf achten, dass die Spitzen fest und geschlossen und die Stangen frisch und gerade sind. Auch das Schnittende darf nicht völlig ausgetrocknet sein. In feuchten Tüchern lässt der Spargel sich noch zwei Tage im Gemüsefach aufbewahren, besser aber ist es, ihn recht bald zu verzehren, da das Aroma nach der Ernte schnell verloren geht. Spargel ist reich an den Vitaminen A, B2 und C und liefert gute Mengen an Kalium, Eisen und Calcium, daher die entwässernde Wirkung dieses Gemüses. Wegen der wertvollen Nährstoffe sollte man auch Schalen und Kochwasser zur weiteren Verwendung einer schmackhaften Spargelcremesuppe aufheben.

SPARGEL MIT PETERSILIEN-EIER-DIP

(4 Portionen)

ZUTATEN:
2 kg Spargel
1 Bund Petersilie
4 Eier
4 EL Olivenöl
1 1/2 EL Weißweinessig*
Salz, weißer Pfeffer a. d. Mühle

SO GELINGT'S:
1. Den Spargel bissfest kochen.
2. In der Zwischenzeit die Petersilie waschen und klein hacken.
3. Die Eier 7-8 Minuten wachsweich kochen, abschrecken, pellen und halbieren.
4. Die Eihälften mit der Gabel grob zerkleinern und mit Salz und Pfeffer würzen.
5. Die gehackte Petersilie mit dem Olivenöl und dem Essig mischen.
6. Alle Zutaten auf den Tellern anrichten. Beim Essen zuerst den Spargel in die Sauce, dann in das Ei dippen.

ZUCCHINI-PILZ-AUFLAUF

(4 Portionen)

ZUTATEN:
35 g Butter oder Margarine
500 g Zwiebeln
1/2 Bund frischen Thymian (oder getrocknet)
6 Scheiben Vollkorntoastbrot
200 g Zucchini
2 Knoblauchzehen
2 EL Zitronensaft
500 g große Champignons
800 g mittelalter Gouda
4 Eigelb
1/8 l Schlagsahne
1/8 l Milch
1 Bund Schnittlauch
Salz

SO GELINGT'S:

1. Eine rechteckige Form mit 5 g Fett auspinseln. Die Zwiebeln schälen und würfeln, die Thymianblättchen abzupfen.

2. Die Zwiebeln im restlichen Fett in einer Pfanne glasig dünsten, mit Thymian und Salz würzen und mit 6 EL Wasser zugedeckt in 10-15 Minuten weichdünsten.

3. Toastbrote rösten und die Form damit auslegen. Die Zucchini waschen, putzen, längs habieren und in 3 mm dicke Scheiben schneiden. Den Knoblauch schälen und in den Zitronensaft pressen. Die Zucchini mit Salz und Knoblauchmischung würzen.

4. Die Zwiebeln auf den Toastbrotscheiben verteilen. Die Pilze abreiben, in Scheiben schneiden und salzen. Zucchini und Pilze dachziegelartig auf die Zwiebeln legen. Den Käse grob raspeln und darüber streuen. Eigelb mit Schlagsahne und Milch verquirlen und über den Auflauf gießen.

5. Den Auflauf im vorgeheizten Backofen bei 200 Grad (Gas 3, Umluft 200 Grad, nach 15 Minuten mit Alufolie abdecken) auf der 2. Einschubleiste von unten 25 Minuten backen, dann weitere 5 Minuten direkt auf den Backofenboden stellen.

6. Den Auflauf aus dem Ofen nehmen, 5 Minuten ruhen lassen. Den Schnittlauch in Röllchen schneiden, darüber streuen und servieren.

AUBERGINE-ZUCCHINI-GRATIN

(4 Portionen)

ZUTATEN:

1 große Aubergine
2 große Zwiebeln
500 g Zucchini
500 g Tomaten
250 g Mozzarella
3 EL geriebener mittelalter Gouda
5 EL Olivenöl
2 Knoblauchzehen
1 EL gerebelter Oregano
Salz, schwarzer Pfeffer a. d. Mühle

SO GELINGT'S:

1. Den Backofen auf 200 Grad (Gas 3-4, Umluft 180°) vorheizen.

2. Die Aubergine waschen, in schmale Scheiben schneiden und auf ein mit Öl bestrichenes Backblech legen. 5-10 Minuten im Ofen backen.

3. Zwiebeln schälen und in dünne Ringe schneiden. 3 EL Öl in einer Pfanne erhitzen und die Zwiebeln darin glasig dünsten. Den Knoblauch schälen und zu den Zwiebeln in Pfanne pressen. Mit Oregano, Salz und Pfeffer würzen.

4. Zucchini und Tomaten waschen, Mozzarella abtropfen lassen und alles in dünne Scheiben schneiden.

5. Die Auberginenscheiben aus dem Ofen nehmen und Hitze auf etwa 180 Grad (Gas 3, Umluft 180 Grad) reduzieren. Die Zwiebeln in eine gefettete Auflaufform geben und Zucchini-, Auberginen- und Tomatenscheiben darüber legen. Jede Gemüseschicht mit Salz und Pfeffer kräftig würzen. Die Mozzarellascheiben obenauf verteilen.

6. Das restliche Öl über das Gratin tröpfeln und mit dem geriebenen Käse bestreuen.

7. Etwa 60 Minuten im Backofen überbacken lassen, bis Mozzarella und Käse goldbraun sind.

SPARGEL MIT ZITRONENSAUCE UND MANDELBLÄTTCHEN

(4 Portionen)

ZUTATEN:

2 kg Spargel
20 g Mandeln
1-2 Knoblauchzehen
1 Zitrone
3 EL Olivenöl
300 ml Gemüsebrühe
1 EL Speisestärke
20 g Butter
Zucker
Salz

SO GELINGT'S:

1. Den Spargel bissfest garen.
2. Die ganzen Mandeln in kaltes Wasser legen. Nach einigen Minuten lässt sich die Schale gut entfernen. Die Mandeln in dünne Scheiben schneiden und in der Pfanne rösten.
3. Den Knoblauch ebenfalls in feine Scheiben schneiden. Die Zitrone heiß waschen, die Schale dünn abschälen und in sehr feine Streifen schneiden. Knoblauch und Zitronenstreifen im heißen Olivenöl andünsten.
4. Die Gemüsebrühe hinzugeben und aufkochen lassen. Die Zitrone auspressen und die Brühe mit 2-3 EL Zitronensaft, Salz und 1 TL Zucker würzen.
5. Die Speisestärke in etwa 50 ml kaltem Wasser auflösen und in der Sauce 1 Minute aufkochen lassen.
6. Die möglichst kalte Butter in kleine Flöckchen zerteilen und unter die Sauce schlagen.
7. Den Spargel auf den Tellern anrichten, die Sauce dazugeben und mit den Mandelblättchen garnieren.

KARTOFFELCURRY MIT GRÜNEN BOHNEN

(4 Portionen)

ZUTATEN:

500 g Kartoffeln
250 g grüne Bohnen
1 EL Butter
3 EL Sonnenblumenöl
2 kleine, frische, grüne Chilischoten*
1/2 TL Kümmel
1/2 TL Currypulver
1 Knoblauchzehe
Salz

SO GELINGT'S:

1. Die Kartoffeln schälen und in dicke Scheiben schneiden. Neue Kartoffeln können mit der Schale verzehrt werden, sollten aber gründlich gewaschen werden.

2. Frische grüne Bohnen putzen und halbieren. Bohnen aus der Dose nur halbieren.

3. Butter und Öl in einer Pfanne erhitzen. Währenddessen die Chilischoten waschen, klein schneiden und zusammen mit Kümmel und Curry im heißen Fett 30 Sekunden anbraten. Den Knoblauch schälen und ebenfalls hineinpressen.

4. Die Kartoffelscheiben in die Pfanne geben, salzen und im Fett wenden, bis sie reichlich damit bedeckt sind.

5. Die Bohnen dazugeben und bei geschlossenem Deckel und mittlerer Hitze etwa 15 Minuten köcheln lassen, bis die Kartoffeln gar sind. Gelegentlich rühren.

GEBACKENER CHICORÉE MIT ROTEN BETEN

(4 Portionen)

ZUTATEN:
4 große Chicoréestauden
4 EL Sonnenblumenöl
1 Glas (220 g) Rote Bete gekocht
1/2 Orange
3 EL Mayonnaise
2 TL Senf

SO GELINGT'S:

1. In einer Pfanne das Sonnenblumenöl erhitzen.

2. Den Chicorée putzen, längs halbieren und vorsichtig den Strunk entfernen. Mit der Schnittfläche nach unten ins heiße Öl legen, etwa 5 Minuten anbraten und dann wenden. Die andere Seite ebenfalls anbraten.

3. Währenddessen die Roten Bete in Scheiben schneiden und beiseite stellen.

4. Den Saft der halben Orange auspressen und mit der Mayonnaise und dem Senf verrühren.

5. Den gebratenen Chicorée mit der Schnittfläche nach oben sternförmig auf einem Teller oder einer Kuchenplatte verteilen und mit der Sauce bestreichen. Zwischen die Chicoréehälften die Rote-Bete-Scheiben schichten.

Tipp:
Als Beilage eignen sich Kartoffeln oder Reis.

FRÜHLINGSGEMÜSE IN SAHNESAUCE

(4 Portionen)

ZUTATEN:

200 g Möhren
250 g Zucchini
250 g Spargel oder grüne Bohnen
200 g Schlagsahne
1 EL Butter
2 TL Senf
Salz, schwarzer Pfeffer a. d. Mühle

SO GELINGT'S:

1. Möhren, Zucchini und Spargel oder grüne Bohnen sorgfältig putzen, waschen und in Längsstreifen schneiden.
2. Wenig Salzwasser zum Kochen bringen, die Möhrenstreifen hineinlegen und 5 Minuten köcheln lassen. Dann den Spargel und die Zucchinistreifen darüber legen und weitere 10 Minuten dünsten lassen.
3. In der Zwischenzeit Sahne und Senf in einen Topf geben und bei geringer Hitze verrühren.
4. Das Gemüsewasser abgießen und das Gemüse in eine vorgewärmte Schüssel geben. Die Butter hineinrühren, die warme Sahne-Senf-Sauce darüber gießen und mit Pfeffer und Salz abschmecken.

Tipp:
Als Beilage eignen sich Kartoffeln oder Reis.

WIRSING IN KÄSE-SAHNE-SAUCE

(4 Portionen)

ZUTATEN:

1 EL Olivenöl
1 große Zwiebel
1 Wirsingkohl
150 g Gorgonzola
250 g Schlagsahne
Salz, schwarzer Pfeffer a. d. Mühle

SO GELINGT'S:

1. Das Öl in einem Topf erhitzen. Währenddessen die Zwiebel schälen, fein hacken und anbraten.
2. Den Wirsingkohl putzen, halbieren, den Strunk entfernen und die Blätter in feine Streifen schneiden. In einem Gemüsesieb unter fließendem Wasser abspülen. Das Wasser abtropfen lassen und den Wirsing in den Topf zur glasig gedünsteten Zwiebel geben und etwas salzen. Bei geschlossenem Deckel etwa 8 Minuten dünsten lassen.
3. Den Gorgonzola in der Zwischenzeit in Würfel schneiden und zusammen mit der Sahne und dem Pfeffer in den Topf geben. Bei geringer Hitze den Käse schmelzen lassen. Den Kohl in die Sauce geben, kurz ziehen, aber nicht aufkochen lassen.

PAPRIKARAGOUT IM KNUSPRIGEN KARTOFFELKRANZ

(4 Portionen)

ZUTATEN FÜR DAS PAPRIKARAGOUT:

2 rote, 2 grüne, 2 gelbe Paprikaschoten
4 kleine Zwiebeln
1 Bund oder 1 TL gerebelten Majoran
2 EL Sonnenblumenöl
125 ml Gemüsebrühe
Paprikapulver (edelsüß)
Salz, schwarzer Pfeffer a. d. Mühle,

1 kg Kartoffeln
250 ml Milch
75 g Butter
geriebene Muskatnuss
1 Ei
Salz

SO GELINGT'S

1. Die Kartoffeln schälen und in kleinen Würfeln in wenig Salzwasser 20 Minuten gar kochen.

2. Das Öl in einer Pfanne erhitzen, die Zwiebeln enthäuten, in kleine Würfel schneiden, und diese im heißen Öl glasig dünsten.

3. Die Paprika waschen, entkernen, in Streifen schneiden und zu den Zwiebeln in die Pfanne geben. Bei großer Hitze anbraten und mit Salz, Pfeffer und Paprikapulver kräftig würzen.

4. Frischen gehackten oder gerebelten Majoran über das Gemüse streuen und bei geschlossenem Deckel gar dünsten.

5. Den Backofen auf 220 Grad (Gas 4-5, Umluft 200 Grad) vorheizen.

6. Die Milch bis auf 2 EL erwärmen und zusammen mit den Kartoffelwürfeln und der Butter pürieren; mit Salz und Muskatnuss abschmecken.

7. Das Püree in einer feuerfesten Auflaufform mit einem Löffel, besser mit einer Spritztüte, zu einem Kranz formen.

8. Das Ei mit der restlichen Milch verquirlen, den Püreekranz damit bestreichen und im vorgeheizten Ofen etwa 10 Minuten goldbraun backen.

9. Sollte das Paprikaragout vorher gar gewesen sein, nun noch einmal kurz erwärmen und im Kartoffelkranz anrichten.

BLUMENKOHL-BROKKOLI-GRATIN

(4 Portionen)

ZUTATEN:

1 mittelgroßer Blumenkohl
500 g Brokkoli
1 Knoblauchzehe
1 Möhre
1 EL Olivenöl
100 ml Gemüsebrühe
200 g Bergkäse
1 TL Butter
Salz, schwarzer Pfeffer a. d. Mühle

SO GELINGT'S:

1. Den Blumenkohl und die Brokkoli in kleine Röschen zerteilen und waschen. Die feste Schale an den Stielen des Brokkoli mit einem Küchenmesser abschälen.
2. Wenig Salzwasser in einem Topf zum Kochen bringen und die Röschen etwa 8 Minuten bissfest garen.
3. Die Möhre putzen und in kleine Würfel schneiden.
4. Den Ofen vorheizen auf etwa 225 Grad (Gas 4-5, Umluft 200 Grad).
5. Das Öl in einer Pfanne erhitzen. Währenddessen den Knoblauch schälen und ins heiße Öl pressen. Die Möhrenwürfel dazugeben, mit Salz und Pfeffer würzen und etwa 5 Minuten braten.
6. Eine Auflaufform mit Butter fetten und die Röschen hineinschichten. Die Möhren darüber verteilen. Den Käse grob reiben und das Gemüse damit bestreuen.
7. Die Gemüsebrühe am Rand hineingießen und den Auflauf etwa 20 Minuten goldbraun überbacken lassen.

Tipp:

Als Beilage reichen Sie junge Kartoffeln oder Reis.

Pfannengerichte

ÄPFEL-ZWIEBEL-PFANNE

(4 Portionen)

ZUTATEN:

500 g säuerliche Äpfel
400 g Gemüsezwiebel (ersatzweise normale Zwiebeln)
80 g Butter
2 Eier
80 g Mehl
250 ml Milch
Majoran
Salz

SO GELINGT'S:

1. Die Äpfel schälen, vierteln und in dicke Spalten schneiden.
2. Die Gemüsezwiebeln schälen und in dünne Spalten schneiden.

3. In zwei Pfannen (möglichst beschichtet) je 40 g Butter erhitzen. In einer Pfanne die Apfelspalten 8-10 Minuten bei mittlerer Hitze braten. In der anderen Pfanne die Zwiebelspalten leicht bräunen. Die Zwiebeln salzen, anschließend die Äpfel unter die Zwiebel mischen und mit Majoran würzen.
4. Die Eier trennen. Das Mehl mit 1 TL Salz, Eigelb und Milch glatt rühren. Das Eiweiß steif schlagen und unter den Teig heben.
5. Die Masse über das Zwiebel-Apfel-Gemisch in der Pfanne gießen und alles im vorgeheizten Backofen bei 200 Grad (Gas 3-4, Umluft 180 Grad) etwa 10 Minuten stocken lassen. Dann kurz übergrillen.

Tipp:
Dazu passt ein gemischter Salat.

BASILIKUM-OMELETT

(4 Portionen)

ZUTATEN:

8 Eier
11 EL Olivenöl
3 Knoblauchzehen
175 g Ziegenfrischkäse* (ersatzweise Feta)
75 g Kirschtomaten
1 Bund oder Topf Basilikum
500 g grüner Spargel, ersatzweise weißer Spargel
4 EL Schlagsahne
Salz, schwarzer Pfeffer a. d. Mühle

SO GELINGT'S:

1. Den Knoblauch schälen, in feine Scheiben schneiden und mit den Eiern, 2 EL Olivenöl, Sahne, Salz und Pfeffer verrühren.

2. Den Spargel schälen, dickere Stangen längs halbieren. Den Spargel in 6 cm lange Stücke schneiden. In 3 EL heißem Öl bei starker Hitze 5 Minuten braten, mit Salz und Pfeffer würzen.

3. Den Käse in 2 cm große Würfel und die Tomaten in Scheiben schneiden. Basilikum von den Stielen zupfen.

4. In 2 großen beschichteten, ofenfesten Pfannen jeweils 2 EL Öl erhitzen. Die Eimasse auf beide Pfannen verteilen und bei mittlerer Hitze 2-3 Minuten anbraten. Zuerst 1/3 der Basilikumblätter, dann den Spargel, Käse und Tomaten darauf verteilen. Omeletts nacheinander auf der 2. Einschubleiste von unten im vorgeheizten Backofen bei 200 Grad (Gas 3, Umluft 170 Grad) ungefähr 5 Minuten zu Ende backen.

5. Das Basilikum darauf verteilen, mit dem restlichen Öl beträufeln und mit grob gemahlenem Pfeffer nachwürzen.

KARTOFFELKÜCHLEIN MIT SCHNITTLAUCH-SCHMAND

(4 Portionen)

ZUTATEN:

500 g Kartoffeln
150 g Schmand
1 Ei
70 g Paniermehl
3 EL Öl
1/2 Bund Schnittlauch
2 EL Schlagsahne
Muskat
Salz, schwarzer Pfeffer a. d. Mühle

SO GELINGT'S:

1. Die Kartoffeln in der Schale gar kochen, pellen, abkühlen lassen und grob raspeln. Die Kartoffelraspeln mit 2 EL Schmand und dem Ei verrühren, mit Salz, Pfeffer und Muskat würzen.

2. Aus der Masse 12 kleine Küchlein formen. Die Küchlein im Paniermehl wenden. Das Öl in einer Pfanne erhitzen und die Küchlein portionsweise in dem Öl etwa 3 Minuten pro Seite goldbraun braten. Danach warm halten.

3. Den Schnittlauch in Röllchen schneiden. Den restlichen Schmand mit der Schlagsahne verrühren und die Hälfte der Schnittlauchröllchen unterziehen. Die Kartoffelküchlein mit der Sahnemischung und dem restlichen Schnittlauch servieren.

PFANNKUCHENLASAGNE MIT TOMATENFÜLLUNG

(4 Portionen)

ZUTATEN:

2 Eier
250 ml Milch
100 g Mehl
1 Bund Petersilie, 1 Bund Dill (oder getrocknet)
1 Bund Schnittlauch
2 EL Öl
750 g Tomaten
200 g geriebener Gouda
1 EL Butter
Zucker
Salz, schwarzer Pfeffer a. d. Mühle

SO GELINGT'S:

1. Eier, Milch und Mehl mit je einer Prise Salz und Zucker verquirlen. Die Kräuter mit dem Schneidstab in 10 EL Teig pürieren. Die Kräutermasse unter den restlichen Teil rühren.

2. In einer beschichteten Pfanne im heißen Öl 6 dünne Pfannkuchen pro Seite etwa 2 Minuten backen. Die Tomaten in Scheiben schneiden und mit Salz und Pfeffer würzen.

3. Eine Auflaufform mit Butter ausfetten und alle Pfannkuchen schichtweise mit Tomaten und Käse belegt übereinander stapeln. Abschließend mit Käse bestreuen und im vorgeheizten Backofen bei 200 Grad (Gas 3, Umluft 170 Grad) auf der 2. Einschubleiste von unten 15-20 Minuten backen.

Kohlrabi

Der Kohlrabi stammt vom Wildkohl ab und zählt zum Knollengemüse, wie auch Rote Bete, Knollensellerie oder weiße Rüben. Die Kohlrabiknolle ist die rundliche Verdickung des Stilansatzes der Pflanze, die knapp über der Erdoberfläche heranreift. Sie kann farblich variieren zwischen weiß-grün und violett.

Erste Nachweise über die Kultivierung des Kohlrabis stammen aus dem 16. Jahrhundert; vermutet wird, dass bereits die Römer direkte Vorläufer des Kohlrabis, nämlich den pompeianischen Kohl und den Markstammkohl, gegessen haben. Heute gedeiht er rund um den Globus, von Japan über Indien, Nordamerika, bis nach Westeuropa und am Mittelmeer. Besonders zart ist die rechtzeitig geerntete junge Knolle. Sie ist süß und saftig und schmeckt in diesem Stadium vor allem roh geraspelt als Salat oder als geviertelter und geschälter Happen zwischendurch. Roher Kohlrabi hat einen hohen Vitamin-C-Gehalt, beim Kochen geht er nahezu vollständig verloren. In schmale Scheiben oder Stäbchen geschnitten lässt sich Kohlrabi schmackhaft in Butter dünsten, serviert mit einer Sahnesauce, oder als Gratin überbacken. Aber auch in hellen Cremesuppen entwickelt er ein wunderbares Aroma, das man mit frischen Kräutern abrunden kann. Möchte man einen ganzen Kohlrabi zum Garen füllen, sollte man ihn in der Schale belassen und erst anschließend schälen. Kaum bekannt ist, dass man die Blätter des Kohlrabis wie Spinat dünsten kann.

Kohlrabi wächst in unseren Breitengraden von Sommer bis Herbst. Die Knolle sollte beim Kauf fest und nicht zu groß sein und die Blätter knackig. Kohlrabi lässt sich ohne Blattwerk bis zu 10 Tage im Kühlschrank frisch halten.

KOHLRABITALER MIT WALNUSS-JOGHURT-SAUCE

(4 Portionen)

ZUTATEN:

700 g Kohlrabi mit Blättern
60 g Walnusskerne
300 g Joghurt
2 TL Sonnenblumenöl (Walnusskernöl*)
2 Eier
100 g feine Haferflocken
40 g Bratfett (z.B. Butterschmalz)
Salz, weißer Pfeffer a. d. Mühle

SO GELINGT'S:

1. Die Kohlrabi putzen, dabei die grünen Blätter beiseite legen. Die Knollen waschen, schälen und in einem Topf mit wenig Salzwasser in etwa 30 Minuten garen.

2. In der Zwischenzeit die Walnusskerne und die Kohlrabiblätter fein hacken. Beides mit einer Prise Salz, Pfeffer und dem Joghurt vermischen. Das Öl unterrühren und abschmecken.

3. Die gegarten Kohlrabi in etwa 1 cm dicke Scheiben schneiden.

4. Die Eier verquirlen.

5. Die Kohlrabischeiben einzeln durch das Ei ziehen, in den Haferflocken wälzen und die Panade auf beiden Seiten andrücken.

6. Das Bratfett in der Pfanne erhitzen und die Kohlrabitaler von beiden Seiten knusprig braun braten. Auf einem Küchenpapier kurz abtropfen lassen und mit der Walnuss-Joghurt-Sauce servieren.

MÖHRENRÖSTI

(4 Portionen)

ZUTATEN:

300 g Kartoffeln

400 g Möhren

1 Zwiebel

2 EL Mehl

3 Eier

6 EL Öl

250 g Magerquark

5 EL Schmand

1 Bund Schnittlauch

Zitrone

Muskat

Salz, schwarzer Pfeffer a. d. Mühle

SO GELINGT'S:

1. Die Kartoffeln schälen. Die Möhren putzen, beides nacheinander grob raspeln. 100 g Möhren beiseite legen. Die restlichen geraspelten Möhren und Kartoffeln mischen.

2. Die Zwiebel schälen und würfeln, mit Mehl und Eiern zur Möhren-Kartoffel-Mischung geben. Mit Muskat, Salz und Pfeffer würzen.

3. In heißem Öl nacheinander 12 Röstis von jeder Seite 2-3 Minuten braten. Den Quark mit Schmand, Schnittlauch, Salz und Pfeffer verrühren.

4. Die restlichen Möhrenraspel mit Zitrone beträufeln und vermengen.

5. Die Röstis mit Quark und Möhrenrohkost servieren.

TOMATENBRATLINGE

(4 Portionen)

ZUTATEN:

1 kleine Zwiebel
1/2 Bund Petersilie
4 Fleischtomaten (ersatzweise große normale
Tomaten)
150 g Joghurt
3 EL Schlagsahne
1 Ei
50 g Paniermehl
4 EL Öl
Salz, schwarzer Pfeffer a. d. Mühle

SO GELINGT'S:

1. Die Zwiebel schälen und fein würfeln. Die Petersilie hacken. Die Tomaten in 1 cm dicke Scheiben schneiden.

2. Den Joghurt mit Sahne, Zwiebelwürfeln und Petersilie verrühren. Joghurt und Tomatenscheiben mit Salz und Pfeffer würzen.

3. Das Ei verquirlen. Die Tomatenscheiben jeweils erst im Ei und anschließend in Paniermehl wenden, im heißen Öl von jeder Seite 2 Minuten scharf anbraten.

4. Die Tomatenbratlinge zusammen mit der Joghurtsauce servieren.

GEFÜLLTE OMELETTS

(4 Omeletts)

ZUTATEN FÜR DEN OMELETT-TEIG:

8 Eier
Schuss Milch
Butter zum Braten
Salz, schwarzer Pfeffer a. d. Mühle

SO GELINGT'S:

1. Eier, Milch, Salz und Pfeffer schaumig quirlen und beiseite stellen.
2. Füllungen zubereiten (s.u.).
3. 1-1,5 EL Butter in einer Pfanne auslassen. Die Hitze kurz erhöhen und für jedes Omelett ein Viertel des Omelett-Teigs gleichmäßig in die Pfanne gießen. Etwa 2-3 Minuten die Unterseite goldbraun backen, wenden und die andere Seite ebenfalls goldbraun backen.
4. Die Füllung auf eine Hälfte des Omeletts geben und andere Hälfte überschlagen.
5. Jedes Omelett im vorgewärmten Backofen warm stellen, bis die anderen zubereitet sind.

Die Füllungen:

1. ERBSEN IN KRÄUTERBUTTER

ZUTATEN:

etwa 1 gestrichener TL gerebelter Estragon
80 g Kräuterbutter
8 EL gekochte Erbsen aus der Dose
Salz, schwarzer Pfeffer a. d. Mühle

SO GELINGT'S:

Die Butter in einer Pfanne auslassen, die Erbsen darin erwärmen und mit Salz, Pfeffer und je nach Geschmack Estragon würzen.

2. ZWIEBEL-KARTOFFEL-KÄSE

ZUTATEN:
2 Kartoffeln
2 kleine Zwiebeln
100 g Bergkäse
4 EL Sonnenblumenöl
Salz, schwarzer Pfeffer a. d. Mühle

SO GELINGT'S:
1. Die Kartoffeln schälen, in kleine Würfel schneiden und in sehr wenig Salzwasser etwa 10 Minuten garen.
2. Das Öl in einer Pfanne erhitzen.
3. Die Zwiebeln schälen, in schmale Ringe schneiden und glasig dünsten.
4. Den Käse reiben.
5. Die Kartoffelwürfel in einer Pfanne zu den Zwiebeln geben, salzen und kräftig pfeffern. Den Käse unterheben und kurz zerfließen lassen.

3. AVOCADO-ZWIEBEL-TOMATEN

ZUTATEN:
2 Avocados
4 feste Tomaten
4 EL passierte Tomaten
1 Zwiebel
2 EL Sonnenblumenöl
Salz, schwarzer Pfeffer a. d. Mühle

SO GELINGT'S:
1. Die Avocados halbieren, den Kern herauslösen, Hälften schälen und in Würfel schneiden.
2. Die Tomaten waschen, kurz überbrühen, schälen und in Würfel schneiden.
3. Avocado- und Tomatenwürfel mit den passierten Tomaten in eine Schüssel geben, salzen und pfeffern.
4. In einer Pfanne das Öl erhitzen.
5. Die Zwiebel schälen, sehr fein hacken, kurz im heißen Öl glasig dünsten und mit der Tomaten-Avocado-Mischung vermengen. Nochmals mit Salz und Pfeffer abschmecken.

4. Champignons in Kräuterschmand

Zutaten:
200 g Champignons
einige Zweige Kerbel, Schnittlauch, Dill und
Petersilie
4 EL Schmand
2 EL Butter
Salz, schwarzer Pfeffer a. d. Mühle

So gelingt's:
1. Die Champignons putzen und in dünne Scheiben schneiden.
2. Die Butter in einer Pfanne auslassen und die Champignons darin 15 Minuten ohne Deckel goldbraun braten.
3. Die Kräuter waschen, trocken schütteln und hacken.
4. Den Schmand in die Champignon-Pfanne rühren, bis er vollständig zerlaufen ist.
5. Die Kräuter dazugeben und mit Salz und Pfeffer abschmecken.

Zucchini

Die Zucchini, auch Schlangenkürbis genannt, gehört zur Familie der Kürbisse. Als Sommerkürbis wird sie unreif geerntet, bevor die Schale verhärtet und das Innere starke Kerne ausbildet. Die Frucht sollte bei der Ernte, die sich vom Spätfrühling bis zum Herbst erstreckt, nicht länger als 30 cm sein. Am zartesten und geschmackvollsten sind die jungen Früchte von etwa 15 cm Länge, die man mit Schale zubereiten kann, während die größeren und reiferen geschält werden sollten. Selbst die Blüten werden in mediterranen Kulturen frittiert oder gefüllt gegessen und gelten als Delikatesse. Auf manchen Wochenmärkten sind sie auch bei uns gelegentlich zu haben. Wirklich frisch halten sich die Blüten jedoch nur eine Stunde nach dem Pflücken.

Mit anderen Kürbissorten gelangte die Zucchini im 19. Jahrhundert aus Nordamerika nach England. Die Kleingärtner liebten sie wegen der kurzen Reifezeit. Die kulinarischen Meinungen zu diesem Gemüse gehen weit auseinander, von fad, wässrig, schleimig, pappig bis hin zu nussig und lieblich.

Zucchini besitzen viel Vitamin A und C, neben Kohlenhydraten, Calcium und Pottasche – einem Backtriebmittel, das zum Pfefferkuchen backen verwendet wird.

Bei der Auswahl der Früchte ist darauf zu achten, dass sie keine braunen oder gelben Flecken haben, und mit dem Fingernagel lässt sich testen, ob die Schale noch zart genug ist. An einem dunklen und kühlen Ort kann man Zucchini mehrere Wochen lagern. Hängt man sie in Netzen auf, überwintern sie sogar.

ZUCCHINI-APFEL-GEMÜSE

(4 Portionen)

ZUTATEN:

1 Zwiebel
1 Apfel
1 Tomate
500 g Zucchini
1 Bund Petersilie
1 Knoblauchzehe
4 EL Olivenöl
Salz, schwarzer Pfeffer a. d. Mühle

SO GELINGT'S:

1. 2 EL Öl in einer Pfanne erhitzen. Währenddessen die Zwiebel schälen und in dünne Scheiben schneiden. Die Zwiebelscheiben darin glasig dünsten.

2. Den Apfel schälen, die Tomate waschen, beide in Würfel schneiden und zur Zwiebel in die Pfanne geben. 5 Minuten köcheln lassen.

3. In einer zweiten Pfanne 2 EL Öl erhitzen. In der Zwischenzeit die Zucchini putzen, gründlich waschen (nicht schälen) und in 5 cm lange Stifte schneiden.

4. Im restlichen erhitzten Öl bei mittlerer Hitze so lange anbraten, bis die Flüssigkeit austritt. Nun bei hoher Temperatur die Flüssigkeit verdampfen lassen. Dabei darauf achten, daß die Zucchini nicht anbrennt.

5. Die Apfel-Zwiebel-Tomaten-Pfanne zu den Zucchini geben und etwa 6 Minuten zusammen köcheln lassen.

6. Die Petersilie waschen, trocken schütteln und hacken.

7. Den Knoblauch schälen und in die Pfanne pressen. Die Petersilie darüber streuen und unterheben.

8. Mit Salz und Pfeffer nach Belieben abschmecken.

Tipp:
Als Beilage eignen sich Kartoffeln, Reis oder Rigatoni.

KRÄUTERPLINSEN

(4 Portionen)

ZUTATEN:

400 g abgetropfter (!) Sahnequark
8 EL Mehl
2 Eier
2 EL Sonnenblumenöl
4 EL verschiedene frische, gehackte Kräuter
4 EL Schmand
Salz, schwarzer Pfeffer a. d. Mühle

SO GELINGT'S:

1. Den Quark über Nacht in einem Sieb abtropfen lassen.
2. Die Eier trennen. Das Eiweiß in einer trockenen Schüssel zum Steifschlagen bereitstellen. Das Eigelb wird zusammen mit Mehl und Quark verrührt und mit Salz, Pfeffer und den frischen gehackten Kräutern gewürzt.
3. In einer großen Pfanne das Öl erhitzen.
4. In der Zwischenzeit das Eiweiß zu steifem Schnee schlagen und vorsichtig unter den Quarkteig heben.
5. Jeweils 1 EL des Teigs im heißen Öl zu einer Plinse flach drücken. Dieser Vorgang muss sehr rasch gehen, damit alle Plinsen in der Pfanne etwa die gleiche Zeit zum Backen haben.
6. Die Plinsen auf 4 große Teller verteilen und jede von ihnen mit einem TL Schmand garnieren.

Tipp:

Als Beilage eignet sich vorzüglich ein frischer Blattsalat.

SAUERKRAUT-FRIKADELLEN

(4 Portionen)

ZUTATEN:

500 g Kartoffeln (mehlig kochend)
200 g Sauerkraut
1 EL Olivenöl
1 Zwiebel
175 ml Weißwein
1 Lorbeerblatt
1/2 TL Kümmel
1 EL Zucker
1 Ei
25 g Speisestärke
3 EL Bratfett (Butterschmalz)
Salz, schwarzer Pfeffer a. d. Mühle

SO GELINGT'S:

1. Die Kartoffeln in der Schale garen.
2. In der Zwischenzeit das Sauerkraut in einem Tuch leicht ausdrücken.
3. Die Zwiebel fein hacken und in dem erhitzten Öl dünsten. Dann das Sauerkraut dazugeben, mit Wein, Lorbeer, Kümmel und Zucker bei mittlerer Hitze kochen, bis alle Flüssigkeit verdampft ist.
4. Die Kartoffeln pellen, trockendämpfen und durch eine Presse oder ein Sieb zum Sauerkraut geben.
5. Die Kartoffel-Sauerkraut-Masse mit dem Ei und der Speisestärke verkneten, mit Salz und Pfeffer würzen.
6. Mit bemehlten Händen 8 Frikadellen formen und im heißen Bratfett auf jeder Seite 6 Minuten knusprig braten.

KARTOFFEL-SALBEI-TALER MIT PAPRIKA-RAGOUT

(4 Portionen)

ZUTATEN FÜR DIE KARTOFFEL-SALBEITALER:

800 g mehlig kochende Kartoffeln
6 Salbeizweige

2 Eier
Paniermehl
geriebene Muskatnuss
Salz, schwarzer Pfeffer a. d. Mühle
4 EL Sonnenblumenöl

ZUTATEN FÜR DAS
PAPRIKARAGOUT:
4 Zwiebeln
je 2 rote, gelbe und grüne Paprikaschoten
4 EL Olivenöl
2 EL Tomatenmark
3 EL geschlagene Sahne
gerebelter Thymian
1 Chilischote
1 Knoblauchzehe

SO GELINGT'S:
1. Die Kartoffeln waschen und in wenig Salzwasser 30 Minuten gar kochen.
2. Die Paprikaschoten waschen, halbieren, entkernen und in mundgerechte Würfel schneiden.

3. Das Olivenöl in einer Pfanne erhitzen. Die Zwiebeln häuten, in kleine Würfel hacken, im heißen Öl glasig dünsten. Die Paprikawürfel dazugeben und ebenfalls dünsten. Tomatenmark und geschlagene Sahne untermengen und mit Salz und Pfeffer abschmecken. Das Ragout bei geringer Hitze köcheln lassen, bis die Kartoffel-Salbei-Taler gebacken sind.
4. Die Salbeizweige waschen, die Blätter abzupfen und fein hacken.
5. Die gegarten Kartoffeln pellen, zusammen mit den Eiern pürieren und mit Salz, Pfeffer und Muskatnuss abschmecken. Den gehackten Salbei untermengen. Kleine Taler aus dem Kartoffelteig formen und in Paniermehl wenden.
6. Das Sonnenblumenöl in einer Pfanne erhitzen und die Taler von beiden Seiten goldbraun backen.
7. Das Ragout kurz erwärmen und mit den heißen Talern servieren.

Brokkoli

Der Brokkoli ist ein enger Verwandter des Blumenkohls, sozusagen sein »edler Bruder«. Da sich bei ihm schon eine Gruppe voll entwickelter Blütenknospen entwickelt hat, muss er schneller geerntet werden und kann nur kurze Zeit aufbewahrt werden. Man nimmt an, dass die Kulturpflanze Brokkoli noch älter ist als der Blumenkohl. In Italien wurde er schon zu Zeiten Plinius' angebaut, bei uns jedoch ist er erst in den letzten zehn Jahren äußerst populär geworden. Zum Gedeihen benötigt dieses gesunde Gemüse ein mildes Meeresklima, sodass vor allem Italien ein traditionelles Anbaugebiet für Brokkoli ist. Er wächst aber auch in den USA, in Spanien und in Großbritannien auf der Kanalinsel Jersey. In Deutschland entwickelt sich die warme Pfalz mehr und mehr zu einem günstigen Anbaugebiet. Man kann das grüne Kohlgemüse das ganze Jahr über bekommen; essbar sind bei ihm nicht nur die Röschen, sondern auch die zarten Blätter und der Strunk. Man zerlegt den Brokkoli bei der Zubereitung am besten in gleich große Knospen und dünstet ihn schonend in wenig kochendem Wasser, bis er bissfest ist. Besonders reich ist der Brokkoli an Vitamin C, er enthält aber auch viel Vitamin A, Eisen und Kalium. Einen frischen Brokkoli erkennt man an festen Röschen und Stielen sowie knackigen Blättern. Im Kühlschrank kann man ihn bis zu zwei Tage aufbewahren, dann beginnen sich die grünen Knospen bräunlich zu färben.

Pizza und herzhafte Gemüsekuchen

BROKKOLITARTE

(4 Portionen)

ZUTATEN:

125 g Mehl
70 g Butter oder Margarine
150 g geriebener mittelalter Gouda
1 Ei, 1 Eigelb
500 g Brokkoli
1 kleine Dose Tomaten
200 g Schmand
1 EL Paniermehl
Muskat
Zucker
Salz, schwarzer Pfeffer a. d. Mühle

SO GELINGT'S:

1. Aus Mehl, Fett, 50 g Käse, 1 TL Zucker, Salz und einem Eigelb mit dem Handrührer einen Mürbeteig kneten und 30 Minuten kalt stellen.

2. Inzwischen den Brokkoli waschen, in Röschen zerteilen, die Stiele schälen und in Scheiben schneiden. Den Brokkoli in Salzwasser 3-4 Minuten kochen und abschrecken. Die Tomaten auf Sieb abtropfen lassen und grob würfeln.

3. Ein Drittel des Teiges auf 24 cm ø ausrollen und in eine ausgefettete Springform legen. Den Rest zu einer Rolle formen und den Rand entlang hochziehen.

4. Im vorgeheizten Backofen bei 200 Grad (Gas 3, Umluft 15 Minuten bei 180 Grad) auf der 2. Einschubleiste von unten 10 Minuten backen.

5. Den Schmand mit dem restlichen Käse und dem Ei verrühren, mit Salz, Pfeffer und Muskat würzen. Das Paniermehl auf den Teig streuen, das Gemüse darauf verteilen und mit der Schmandmasse begießen.

6. Im vorgeheizten Backofen bei 200 Grad (Gas 3, Umluft 28-30 Minuten bei 180 Grad) auf der 2. Einschubleiste von unten 40 Minuten backen. Die Tarte weitere 10 Minuten auf dem Boden des Backofens backen.

PIKANTE KÄSETARTE

(6 Portionen)

ZUTATEN:

125 ml kaltes Wasser
300 g Mehl
100 ml Olivenöl
100 g Bergkäse
200 g Ziegenfrischkäse*
100 g Emmentaler
1 Bund Petersilie
Salbeiblätter und Rosmarin
Salz

SO GELINGT'S

1. Einen Ölteig aus Mehl, Wasser und Öl kneten, in Alufolie wickeln und 30 Minuten ruhen lassen.

2. Den Backofen auf etwa 250 Grad (Gas 7, Umluft 230 Grad) vorheizen.

3. Den Käse in Würfel schneiden, den Frischkäse löffelweise dazugeben. Die Petersilie waschen, klein hacken und unter den Käse heben.

4. Ein rechteckiges Backblech fetten und die Hälfte des Teigs hauchdünn darauf ausrollen. Das gelingt, indem man Frischhaltefolie auf dem Teig ausbreitet.

5. Den Käse auf dem Teig verteilen.

6. Die zweite Hälfte des Teigs auf einem Backbrett ebenfalls zwischen Frischaltefolie ausrollen und die Käseschicht damit bedecken. Die Teigränder zusammendrücken.

7. Mit einem spitzen Messer kleine Löcher in die Teigdecke stechen, sie mit Öl bestreichen und Salz, Rosmarin und gehackte Salbeiblätter darüber streuen.

8. Die Tarte 25-30 Minuten goldbraun backen.

Tipp:

Servieren Sie die Tarte zusammen mit einem frischen Blattsalat mit geraspeltem Gemüse der Saison und einer klassischen Vinaigrette aus Olivenöl, Balsamessig, Salz und frisch gemahlenem Pfeffer.

ÜBERBACKENER PORREEKUCHEN

(4 Portionen)

ZUTATEN FÜR DEN TEIG:

250 g Mehl
250 g Butter
250 g Quark

ZUTATEN FÜR DIE FÜLLUNG:

8 Stangen Porree (etwa 1 kg)
1 EL Senf
1 Ei
100 g mittelalter Gouda

SO GELINGT'S:

1. Mehl, Butter und Quark zu einem Teig verkneten und kalt stellen.
2. Den Backofen auf 230 Grad (Gas 5, Umluft 210 Grad) vorheizen.
3. Die Porreestangen auf 20 cm Länge schneiden, putzen und gründlich waschen.
4. Wenig Salzwasser in einem Topf zum Kochen bringen, die Porreestangen hineinlegen und bei geschlossenem Deckel 10 Minuten köcheln lassen.
5. Währenddessen den Teig zu einem Quadrat ausrollen, auf gefettetes Backblech legen, den Rand nach oben formen, sodass ein Rahmen entsteht. Die Fläche innerhalb des Rahmens sollte etwa 20 cm breit sein, um die Porreestangen darauf legen zu können.
6. Die Porreestangen nach 10 Minuten abgießen, unter kaltem Wasser abschrecken, abtropfen lassen und die restliche Flüssigkeit zwischen einem Küchentuch leicht herausdrücken.
7. Die Porreestangen auf dem Teig verteilen, mit Senf und dem zerquirlten Ei bestreichen.
8. Den Gouda reiben und über das Gemüse streuen.
9. Den Kuchen auf der mittleren Schiene des Backofens etwa 20 Minuten goldbraun backen lassen.

Tipp:

Als Beilage eignet sich Blattsalat, angerichtet mit einer Vinaigrette.

CHINAKOHLTORTE

(4 Portionen)

ZUTATEN:

600 g Chinakohl, ersatzweise auch Weißkohl
3 Frühlingszwiebeln oder kleine Zwiebeln
2 EL Sonnenblumenöl
50 g gehackte Walnusskerne
250 g Schlagsahne
6 Eier
Butter zum Ausfetten der Auflaufform
geriebene Muskatnuss
Salz, schwarzer Pfeffer a. d. Mühle

SO GELINGT'S:

1. Wenig Salzwasser zum Kochen bringen.
2. 4-6 der äußeren Kohlblätter ablösen. Den restlichen Kohl putzen, waschen, in Streifen schneiden und zusammen mit den Außenblättern etwa 2 Minuten im kochenden Wasser blanchieren. Danach in ein Sieb zum Abtropfen geben.
3. In einer Pfanne das Öl erhitzen und währenddessen die Zwiebeln schälen, fein würfeln, dann im heißen Öl glasig dünsten.
4. Die Walnüsse hacken und zu den Zwiebeln in die Pfanne geben. Mit Salz und Pfeffer würzen.
5. Den Backofen auf 180 Grad (Gas 3, Umluft 180 Grad, ohne vorzuheizen) vorheizen.
6. Eier und Sahne verquirlen und mit Salz, Pfeffer und Muskatnuss würzen.
7. Eine runde Auflaufform fetten, den Boden mit den Außenblättern des Kohls auslegen, darüber den restlichen Kohl verteilen und mit Eier-Sahne-Sauce übergießen.
8. Die Torte zugedeckt etwa 50 Minuten backen lassen, bis die Eimasse vollständig gestockt ist, und anschließend etwas abgekühlt vorsichtig stürzen.

ÜBERBACKENE SPINAT-KÜCHLEIN

(4 Portionen)

ZUTATEN:

500 g gefrorener Spinat
100 g mittelalter Gouda
150 g Magerquark
2 Eier
100 g Mehl
geriebene Muskatnuss
2 EL Butter
Salz, weißer Pfeffer a. d. Mühle

SO GELINGT'S:

1. Spinat in einem Topf bei geringer Hitze auftauen und dünsten lassen.

2. Den Gouda in eine große Schüssel fein reiben, davon die Hälfte in eine andere Schüssel abfüllen. Den Quark in die Schüssel zum Käse geben und mit den Eiern verrühren. Das Mehl dazugeben und den Spinat unterrühren. Mit Salz, Pfeffer und Muskat abschmecken. 1 Stunde kühl stellen.

3. In einem großen Topf reichlich Salzwasser zum Kochen bringen. Den Backofen auf 230 Grad (Gas 5, Umluft 210 Grad) vorheizen.

4. Eine flache, rechteckige Auflaufform mit einem Teil der Butter ausfetten.

5. Mit einem Esslöffel Nockerl aus dem Spinatteig herausstechen, schnell hintereinander in kochendes Wasser gleiten und etwa 8 Minuten bei geringer Hitze ziehen lassen.

6. Mit einem Schaumlöffel die Spinatküchlein herausheben und in eine Auflaufform nebeneinander legen.

7. Den restlichen geriebenen Käse und die Butter in Flöckchen darüber verteilen.

8. Etwa 15 Minuten auf mittleren Schiene im Ofen goldbraun überbacken lassen.

Tipp:

Servieren Sie warmes Baguette- oder Ciabattabrot und einen Tomatensalat dazu.

BUNTE GEMÜSEPIZZA
(9 Portionen)

ZUTATEN FÜR DEN TEIG:
250 g Mehl
125 ml lauwarmes Wasser
15 g Hefe*
2 EL Olivenöl
1 TL Salz

ZUTATEN FÜR DEN BELAG:
1 große Dose geschälte Tomaten
1 Aubergine
1 Knoblauchzehe
1 Päckchen (125 g) Mozzarella
100 g Emmentaler
2 EL Olivenöl
Salz, schwarzer Pfeffer a. d. Mühle

SO GELINGT'S:

1. Das Mehl in eine Schüssel geben, in die Mitte eine Mulde formen, die Hefe hineinbröckeln, das lauwarme Wasser darüber gießen, Öl und Salz hinzugeben, mit den Knethaken des Mixgeräts oder einem Holzlöffel glatt rühren und 1 Stunde unter einem Tuch gehen lassen.

2. Olivenöl in einer Pfanne erhitzen.

3. Die Knoblauchzehe schälen, in schmale Scheiben schneiden und im heißen Öl kurz anbraten. Die Tomaten noch in der Dose mit einem langen Messer klein schneiden, in die Pfanne geben, salzen und pfeffern und die Flüssigkeit unter Rühren verkochen lassen. Mit Salz und Pfeffer abschmecken.

4. Die Aubergine waschen, putzen und in schmale Scheiben schneiden. In einer Pfanne ohne Fett von beiden Seiten anbraten.

5. Den Backofen auf 250 Grad (Gas 7, Umluft 230 Grad) vorheizen.

6. Den Teig auf einer gemehlten Fläche ausrollen, ein Backblech mit etwas Olivenöl fetten, den Teig darauflegen und mit den Fingerspitzen an die Kanten drücken. Die Auberginenscheiben auf dem Teig verteilen, diese salzen und pfeffern und mit dem Tomatenmus bestreichen.

7. Beide Käsesorten in Scheiben schneiden und als oberste Schicht auf die Pizza legen.
8. Auf der mittleren Schiene des Ofens etwa 15 Minuten backen.

KARTOFFELKUCHEN
(4-6 Portionen)

ZUTATEN:
8 mittelgroße Kartoffeln
30 g Butter
2 EL Olivenöl
1 Knoblauchzehe
200 g Paniermehl
125 g mittelalter Gouda
50 g Parmesan
Salz, schwarzer Pfeffer a. d. Mühle

SO GELINGT'S:

1. Die Kartoffeln schälen und in dünne Scheiben schneiden.
2. In einem Topf Butter und Öl erhitzen. Den Knoblauch pressen und mit etwa 1/2 TL frisch gemahlenem Pfeffer und Salz in die Butter-Öl-Mischung geben.
3. Eine Springform von ca. 20 cm ø ausfetten. Auf dem Boden eine Lage Kartoffelscheiben überlappend verteilen. Die Kartoffeln mit der Buttermischung bepinseln. Mittelalten Gouda und Parmesan reiben und beide Sorten mit dem Paniermehl mischen. Etwas davon auf die Kartoffeln streuen. In dieser Reihenfolge mit den restlichen Zutaten verfahren. Die letzte Lage sollte aus Käse bestehen.
4. Alles fest andrücken. Im vorgeheizten Ofen bei 180 Grad (Gas 3, Umluft 180 Grad, Backzeit etwas reduzieren) etwa 1 Stunde backen.

Kartoffel

Im Volksmund einst als Dickmacher in Verruf geraten, ist die Kartoffel längst in vielfältiger Form wieder auf dem täglichen Speiseplan. Obwohl sie bereits 3000 v. Chr. das Hauptnahrungsmittel der Inkas war, brachten die Conquistadores sie erst im 16. Jahrhundert mit über den Ozean; auch dann fand sie weitere 200 Jahre in Europa kaum Beachtung. Anfangs war sie hauptsächlich Beilage der Gerichte armer Leute in Regionen, in denen Getreide mühsam gedieh. Erst die Not des Dreißigjährigen Krieges und Missernten verhalfen ihr zur Anerkennung und zur Kultivierung in unseren Breitengraden.

Die Kartoffel ist energiearm, besteht zu 80% aus Wasser, ist aber reich an leicht verdaulichen Kohlenhydraten. Besonders wichtig sind die Mineralstoffe der Kartoffel: Calcium für die Knochen und Kalium für Entwässerung und Entschlackung. Ihr hoher Vitamin-C-Gehalt hat ihr auch den Namen »Zitrone des Nordens« eingebracht, daher ist sie besonders wichtig für die Energiezufuhr im Winter. Vitamin C ist emp-findlich gegen Hitze, Luft, Licht und längere Lagerzeiten. Ideal für die Aufbewahrung sind dunkle Räume mit 4-8 Grad. Ab Anfang Juni gibt es die besonders wohlschmeckenden Frühkartoffeln, auch junge Kartoffeln genannt, die leicht verderblich sind. Nur mittelspäte bis sehr späte Kartoffeln (September bis Ende Oktober) können gelagert werden.

Es gibt fest kochende, vorwiegend fest kochende und mehlig kochende Kartoffeln. Zum Pürieren sollte man mehlig kochende verwenden.

Wichtig für die Zubereitung: Kartoffeln dünn schälen, da Mineralstoffe und Vitamine direkt unterhalb der Schale sitzen. Geschälte Kartoffeln sollten auch nicht im Wasser stehen gelassen oder länger warm gehalten werden, da die Vitamine sonst verloren gehen. Noch vitaminschonender ist es, sie mit der Schale in wenig Salzwasser zu kochen.

Beim Einkauf sollte man darauf achten, Kartoffeln ohne Druckstellen, Grün- oder Schwarzfärbung und ohne Keime an der Knolle auszuwählen.

SCHWÄBISCHER ZWIEBELKUCHEN

(4-6 Portionen)

ZUTATEN FÜR DEN BELAG:

8 große Zwiebeln
30 g Butter
40 g Mehl
3 Eier
250 g Schmand
Kümmel
Salz

ZUTATEN FÜR DEN MÜRBETEIG:

220 g Mehl
100 g Butter oder Margarine
1/2 TL Backpulver
1 Ei
Salz

SO GELINGT'S:

1. Für den Mürbeteig Mehl, Backpulver, Salz (eine gute Prise) und Ei auf der Arbeitsplatte zusammenschütten. Die Butter oder Margarine in kleine Stücke auf dem Mehl verteilen. Mit einem Messer die Butterstücke mit dem Mehl verhacken und anschließend den Teig zusammenkneten. Im Kühlschrank ruhen lassen.

2. In der Zwischenzeit die Zwiebeln schälen und fein hacken. In einer großen Pfanne die Butter erhitzen und die Zwiebel darin weich dünsten.

3. Das Mehl mit dem Schmand glatt rühren, Eier, Salz und Kümmel dazugeben. Die Masse mit den Zwiebeln verrühren.

4. Den Teig zwischen Frischhaltefolie rund ausrollen, eine gefettete Springform damit auslegen und den Rand hochziehen bzw. eine Teigrolle den Rand entlang drücken. Die Zwiebelmasse gleichmäßig auf dem Teig verteilen.

5. Im vorgeheizten Ofen auf der 2. Einschubleiste von unten bei 200 Grad (Gas 4, Umluft 180 Grad) etwa 50-60 Minuten backen.

Snacks

GERÖSTETER BLUMEN-KOHL

(4 Portionen)

ZUTATEN:

1 Blumenkohl
1 Zitrone (unbehandelt)*
5 EL Olivenöl
1/2 Bund glatte Petersilie
Salz, weißer Pfeffer a. d. Mühle

SO GELINGT'S:

1. Den Blumenkohl in gleich große Röschen schneiden. Die Zitrone achteln und entkernen.

2. Das Olivenöl in einer schweren, ofenfesten Pfanne erhitzen, den Blumenkohl darin von allen Seiten goldbraun anbraten, mit Salz und Pfeffer würzen. Die Zitronenspalten zum Blumenkohl geben, durchschwenken und bei 200 Grad (Gas 3, Umluft 180 Grad) im vorgeheizten Backofen auf der 2. Einschubleiste von unten 20 Minuten garen, dabei öfter durchschwenken, sodass der Kohl gleichmäßig bräunt.

3. Die Petersilie von den Stielen zupfen und vorm Servieren über den Blumenkohl streuen.

EMPANADAS

(4 Portionen)

ZUTATEN:

200 g Feta
1 TL Zitronensaft
2 Frühlingszwiebeln, ersatzweise 1 kleine
Zwiebel
12 Scheiben American Toast
2 Eier
150 g Paniermehl
Fett zum Ausbacken
Salz, schwarzer Pfeffer a. d. Mühle

SO GELINGT'S:

1. Den Käse mit der Gabel zerbröseln, die Frühlingszwiebel in dünne Scheiben schneiden (ersatzweise eine kleine Zwiebel in feine Ringe schneiden). Käse und Zwiebelringe mit dem Zitronensaft verrühren und mit Salz und Pfeffer würzen.

2. Aus den Toastscheiben Kreise von etwa 9 cm ø ausstechen und flach rollen.

3. Auf jeden Kreis 2 TL von der Füllung geben, zusammenklappen und festdrücken.

4. Die gefüllten Toasts erst in dem verquirlten Ei, danach im Paniermehl wenden und im heißen Fett ausbacken.

Tipp: Dazu schmecken diverse Dips (fertige oder selbst gemachte) und auch ein frischer Salat.

GEFÜLLTE SALATRÖLLCHEN

(4 Portionen)

ZUTATEN:

1 rote Paprikaschote
1 Zwiebel
1 TL Instant-Gemüsebrühe
150 g Feta
80 g Erbsen
1 EL Olivenöl
3 EL gekochter Reis
8 Blätter Eisberg- oder Endiviensalat
Sojasauce*
1 TL Sesamsamen*
Salz, schwarzer Pfeffer a. d. Mühle

SO GELINGT'S

1. Reis nach Anleitung kochen.
2. Die Paprikaschote waschen, entkernen und in kleine Würfel schneiden. Die Zwiebel schälen und in Ringe schneiden.
3. Die Gemüsebrühe in 2-3 EL Wasser in einem Topf auflösen und das geschnittene Gemüse zusammen mit den Erbsen darin andünsten.
4. Den Feta in kleine Würfel schneiden. Gemüse, Reis, Feta und Öl vorsichtig vermengen und mit Pfeffer und Salz abschmecken.
5. Die ganzen Salatblätter kurz überbrühen und sofort mit kaltem Wasser abschrecken.
6. In jedes Salatblatt 1 EL der Füllung wickeln.
7. Die Sesamsamen in die Sojasauce rühren und als Dip für die Röllchen in einer Schale servieren.

RADIESCHENQUARK-CREME

(4 Portionen)

ZUTATEN:

500 g Magerquark
1 Becher Schmand
3 Bund Radieschen
2 Zweige Basilikum
2 Zweige Dill
Salz, schwarzer Pfeffer a. d. Mühle

SO GELINGT'S:

1. Quark und Schmand verrühren und mit Salz und Pfeffer kräftig würzen.
2. Die Radieschen putzen, waschen und in feine Scheiben schneiden.
3. Dill und Basilikum waschen, trocken schütteln, hacken und zusammen mit den Radieschenscheiben – einige zum Garnieren zurückbehalten – in die Quarkcreme rühren.
4. Mit Salz und Pfeffer nochmals abschmecken und mit den restlichen Radieschenscheiben garnieren.

Tipp:

Servieren Sie dazu frisches Vollkornbrot oder als Hauptmahlzeit Pellkartoffeln.

KRÄUTERROLLE IM SALATBETT

(4 Portionen)

ZUTATEN FÜR DEN TEIG:
8 EL Mehl
1 Tasse Milch
4 Eier
4 EL ausgelassene Butter
geriebene Muskatnuss
2 EL Sonnenblumenöl
Salz, schwarzer Pfeffer a. d. Mühle

ZUTATEN FÜR DIE FÜLLUNG:
2 EL Magerquark
2 EL Ziegenfrischkäse*, ersatzweise Feta
2 EL Schlagsahne
4 EL frische gehackte Kräuter (Petersilie, Schnittlauch, Basilikum, Kerbel o.ä.)
Salz, schwarzer Pfeffer a. d. Mühle

ZUTATEN FÜR DEN SALAT:
1 Kopfsalat, ersatzweise anderen Blattsalat
2 EL Weinessig oder Balsamessig*
4 EL Olivenöl

Salz
schwarzer Pfeffer a. d. Mühle

SO GELINGT'S:

1. Die Zutaten für den Teig glatt verrühren, mit Gewürzen abschmecken und 15 Minuten ziehen lassen.

2. Die Zutaten für die Füllung vermengen, gegebenenfalls den Feta in kleine Würfel schneiden oder zerbröckeln. Mit Salz und Pfeffer abschmecken.

3. Das Sonnenblumenöl in einer Pfanne erhitzen.

4. Den Salat waschen und abtropfen lassen. Die Vinaigrette anrühren.

5. Je ein Viertel des Teigs gleichmäßig in die Pfanne gießen und auf beiden Seiten goldbraun backen lassen. Auf Küchenpapier stürzen und den nächsten Pfannkuchen backen.

6. Den abgekühlten Pfannkuchen mit der Füllung bestreichen, aufrollen, in Frischhaltefolie wickeln und 1 Stunde in den Kühlschrank legen. Die 3 weiteren Rollen genauso zubereiten

7. Den Salat auf 4 Teller verteilen und die Vinaigrette darüber löffeln. Die gekühlten Rollen in 2 cm dicke Scheiben schneiden und auf dem Salatbett anrichten.

SELLERIESCHNITZEL MIT KNOBLAUCHDIP

(4 Portionen)

ZUTATEN FÜR DIE SELLERIESCHNITZEL:
1 große Sellerieknolle
2 Eier
Paniermehl
Butter zum Braten
Salz

ZUTATEN FÜR DEN DIP:
300 g fetten Joghurt
1 Knoblauchzehe
2 EL Olivenöl
Salz, schwarzer Pfeffer a. d. Mühle

SO GELINGT'S:

1. Die Sellerieknolle gründlich waschen, reichlich Salzwasser zum Kochen bringen und den Sellerie darin 1 Stunde garen. Anschließend abtropfen lassen, schälen und in 1 cm dicke Scheiben schneiden.

2. In einer Pfanne Butter erhitzen und aufschäumen lassen.

3. Währenddesssen die Eier in einer Schüssel schlagen und salzen. Paniermehl auf einem flachen Teller verteilen und die Scheiben zuerst durch das Ei ziehen und dann im Paniermehl wenden. Die Panade gut andrücken.

4. Die panierten Selleriescheiben in der heißen Butter schwimmen lassen und von beiden Seiten goldbraun backen.

5. Die Knoblauchzehe schälen, pressen und mit Öl, Joghurt, Salz und Pfeffer verrühren.

6. Die Sellerieschnitzel mit einem Schaumlöffel herausheben und zusammen mit dem Dip sofort servieren.

MARINIERTES GEMÜSE

(8 Portionen)

ZUTATEN:

2 Auberginen
4 kleine Porreestangen
2 rote Paprikaschoten
4 kleine Zucchini
8 große Champignons
1 EL Balsamessig*
2 EL Senf
2 TL Oregano
250 ml Olivenöl
2 Eigelb
1 EL Zitronensaft
2 Knoblauchzehen
250 ml Olivenöl
1 EL Schnittlauch
1 EL Petersilie
Salz, schwarzer Pfeffer a. d. Mühle

SO GELINGT'S:

1. Die Auberginen in dünne Scheiben schneiden, auf einer Platte ausbreiten, mit Salz bestreuen und 30 Minuten ziehen lassen. Anschließend unter kaltem Wasser abspülen und mit Küchenpapier trockentupfen.

2. Die Porreestangen putzen, waschen, erst längs, dann quer halbieren. Die Paprikaschoten putzen, waschen und achteln. Die Zucchini putzen, waschen und in 1 cm dicke Scheiben schneiden. Die Champignons abreiben, den Stil putzen und den Pilz halbieren.

3. Das ganze Gemüse auf den Backrost legen.

4. Für das Dressing Balsamessig mit Senf verrühren, Olivenöl langsam unterziehen und mit Oregano, Salz und Pfeffer würzen.

5. Das Gemüse mit Dressing bepinseln und für 5 Minuten bei höchster Stufe unter den vorgeheizten Grill schieben (eine Einschubleiste darunter ein Blech schieben, das den Backsaft auffängt); dabei einmal wenden. Gelegentlich mit dem Dressing bepinseln.

6. Für die Knoblauchmayonnaise Eigelb, Zitronensaft und Knoblauch im Mixer in 5 Sekunden zu einer glatten Masse verarbeiten. Dabei langsam und gleichmäßig das gesamte Öl angießen, bis die Mayonnaise

dick und cremig geworden ist. Den Schnittlauch in feine Röllchen schneiden und die gewaschene Petersilie hacken. Mit 1 EL Wasser die Kräuter zu der Mayonnaise geben, salzen und pfeffern und in 3 Sekunden unterrühren. Das Gemüse mit Knoblauchmayonnaise servieren.

Champignon

Pilze gehören zu den Pflanzen, die Menschen immer wieder mit Hexerei und übernatürlichen Mächten in Verbindung bringen. Kein Zauber- oder Hexentrank kommt ohne die Zugabe kurioser Pilze mit magischer Wirkung aus. Viele Pilzarten sind hochgiftig, manche verursachen rauschhafte Halluzinationen, andere sind sehr bekömmlich. Das Sammeln von Pilzen gilt als beliebter Volkssport und wird sogar im Herbst für Hobbysammler als Workshop mit sachkundiger Führung angeboten. Wer Pilze sammelt, sollte sich bestens mit den zahlreichen Sorten auskennen, will man keine böse Überraschung oder gar den nächsten Tag nicht mehr erleben. Bei dem weit verbreiteten weißen Zuchtchampignon oder den dunkleren Cremechampignons braucht es allerdings keinen sammlerischen Einsatz im Freien. Er ist das ganze Jahr über im Handel erhältlich.

Schon in der Mitte des 17. Jahrhunderts wurde er zum ersten Mal in Frankreich gezüchtet, heute findet man ihn in allen Kulturen. Er schmeckt roh hervorragend in Salaten, eignet sich aber auch bestens zum Dünsten, Braten, Grillen, Füllen oder Marinieren. Bei der Zubereitung gibt es zwei wichtige Dinge zu beachten: Die Pilze sollten nicht gewaschen werden; man reibt sie vorsichtig mit einem feuchten Küchenkrepp ab und kürzt ein wenig das Stilende. Da Pilze überwiegend aus Wasser bestehen, fallen sie bei der Zubereitung deutlich zusammen. Daher die Pilze bei starker Hitze mit Butter oder Olivenöl anbraten, damit das Wasser schnell verdunsten kann und die Champignons nicht im eigenen Saft dünsten. Dadurch würden sie auch zu viele ihrer wertvollen Substanzen wie Kalium, Vitamin B2 und Niacin verlieren. Bei Pilzen ist Frische für den Geschmack und die Bekömmlichkeit eine wichtige Voraussetzung: Man sollte also darauf achten, dass der Kopf sauber, glatt und unbeschädigt ist. Sie dürfen niemals in Plastiktüten gelagert werden, da sie sonst schwitzen und unappetitlich matschig werden. Im Kühlschrank lassen sie sich nicht länger als ein bis zwei Tage aufbewahren.

GEFÜLLTE CHAMPIGNONS MIT KRÄUTERBUTTER

(4-6 Portionen)

ZUTATEN:
12 große Champignons
1 EL Olivenöl
1 kleine Zwiebel
40 g Mandeln
1 Knoblauchzehe
1 EL Zitronensaft
3 EL Petersilie
3 TL frischer Thymian (ersatzweise 1 TL getrockneter Thymian)
3 TL frischer Rosmarin (ersatzweise 1 TL getrockneter Rosmarin)
1 EL Schnittlauch
75 g Butter
Salz, schwarzer Pfeffer a. d. Mühle

SO GELINGT'S:

1. Die Champignonstiele entfernen und klein hacken. Die Zwiebel schälen und fein hacken. Das Olivenöl in einer Pfanne erhitzen und die gehackte Zwiebel darin 2-3 Minuten goldgelb und weich dünsten. Die gehackten Champignonstiele dazugeben und 2 Minuten mitdünsten.

2. Die Mandeln im kalten Wasser einweichen, anschließend Schale abziehen. Petersilie, Thymian und Rosmarin von den Stielen zupfen und hacken (nur bei frischen Kräutern!). Mandeln, Knoblauch, die gehackten Kräuter, Zitronensaft und Butter in der Küchenmaschine oder mit dem Schneidstab zu einer glatten Masse verarbeiten; mit Salz und Pfeffer würzen.

3. Eine ofenfeste Form ausbuttern und die Champignonköpfe hineinlegen. Die Zwie-

bel-Champignon-Mischung mit der Mandel-Kräuterbutter vermengen und gleichmäßig in die Champignons füllen.

4. Im vorgeheizten Backofen bei 180 Grad (Gas 3, Umluft 150 Grad) auf der 2. Einschubleiste von unten 10 bis 15 Minuten backen, bis die Champignons gar sind und die Butter zerlaufen ist.

BRUSCHETTE MIT TOMATEN UND FETA
(4 Portionen)

ZUTATEN:
500 g reife Tomaten
3 EL Olivenöl
8 frische Basilikumblätter
100 g Feta
8 Scheiben Ciabatta
2 Knoblauchzehen
Salz, schwarzer Pfeffer a. d. Mühle

SO GELINGT'S:

1. Die Tomaten kreuzweise einschneiden und 2 Minuten in kochendes Wasser legen, anschließend herausnehmen, abkühlen lassen und häuten. Die Tomaten halbieren, die Kerne vorsichtig herausdrücken, das Fruchtfleisch hacken und in eine Schüssel geben.

2. Das Olivenöl über die gehackten Tomaten gießen und unterrühren.

3. Die Basilikumblätter fein hacken und zu den Tomaten geben. Mit Salz und Pfeffer würzen. Den Feta klein schneiden und untermischen.

4. Das Ciabatta in etwa 2 cm dicke Scheiben schneiden und rösten.

5. Die Knoblauchzehen schälen und halbieren. Mit der Schnittfläche die gerösteten Brotscheiben von beiden Seiten einreiben. Anschließend die Tomaten-Feta-Mischung auf die warmen Brote verteilen und servieren.

Möhre

Die Möhre, gerne auch Mohrrübe, Karotte, Gelbe Rübe, Wurzel oder auch Rübli genannt, ist bei uns ein Grundnahrungsmittel. Ohne dieses orangefarbene Gemüse kommt keine Baby- und Kleinkindnahrung aus, weil die Möhre in dem Ruf steht, gesund, süß und schmackhaft zu sein. Sie ist in der Tat das Gemüse mit dem höchsten Gehalt des Provitamins A, was jedoch nur zusammen mit Fett oder Öl vom Körper aufgenommen werden kann. Möhren – so sagt man – sind gut für die Augen, was insofern richtig ist, als das Vitamin A bei der Bildung des Stoffs Retinal hilft, dessen Fehlen zur Nachtblindheit führen kann. Darüber hinaus ist sie aber auch besonders reich an Karotin, Vitamin B3, C und E. In rohem Zustand enthält sie auch große Mengen an Kalium, Calcium, Eisen und Zink, die sich beim Kochen allerdings verflüchtigen. Die

Möhren tauchten Ende des 17. Jahrhunderts in den Niederlanden auf, Vorläufer dieser Wurzel sollen jedoch bereits von den Arabern vor tausend Jahren angebaut worden sein. Bei uns wachsen die Möhren meist im Gewächshaus, denn sie lieben die Wärme. Darum sind sie ganzjährig zu bekommen und auch stets preiswert. In frischem Zustand haben sie eine glatte Schale und ein festes Fleisch – im Gemüsefach des Kühlschranks lassen sie sich etwa zwei Wochen lang lagern. Wie bei allen Gemüsesorten liegen die wichtigsten Nährstoffe auch bei der Möhre direkt unter der Oberfläche. Zarte Karotten sollten also einfach nur unter fließendem Wasser abgespült werden. Dickere Möhren mit einer festeren Schale kann man ruhig mit einem Kartoffelschäler schälen, denn die wertvollen Nährstoffe liegen hier tiefer. Kinder essen Karotten oftmals lieber roh, weil sie knackig sind und herrlich süß schmecken.

MÖHRENKÜCHLEIN
(4 Portionen)

ZUTATEN:
300 g Möhren
2 EL Schmand
1 Ei
Prise Zucker
Butter zum Ausfetten
Salz, weißer Pfeffer a. d. Mühle

SO GELINGT'S:
1. Die Möhren putzen, in dicke Stücke schneiden und in wenig Salzwasser mit einer Prise Zucker etwa 15 Minuten garen.
2. Anschließend Möhren, Schmand und Ei pürieren und mit Salz und Pfeffer abschmecken.
3. Wasser für ein Wasserbad zum Kochen bringen und den Ofen auf 180 Grad (Gas 3, Umluft 180 Grad) vorheizen.
4. 4 feuerfeste Förmchen oder Tassen ausfetten und die Möhrenmasse hineinfüllen und im Wasserbad im Ofen etwa 40 Minuten backen.
5. Die Möhrenküchlein aus dem Ofen nehmen, noch einige Minuten im Wasserbad stehen lassen und anschließend mit einem Messer von den Förmchenrändern lösen und auf 4 Teller stürzen.

Tipp:
Reichen Sie dazu eine Sahnejoghurtsauce mit frischen Kräutern und warmes Baguettebrot.

Desserts

GRIESSSCHNITTEN MIT ERDBEER-ORANGEN-SALAT

(4 Portionen)

ZUTATEN FÜR DEN KUCHEN:
125 g Butter
200 g Zucker
1 Orange (unbehandelt*)
4 EL Amaretto
3 EL Mandelsirup* (ersatzweise Ahornsirup)
70 g Hartweizengrieß
60 g Mehl
2 Eier
1/2 TL Backpulver
15 g Mandelblättchen
1 Vanilleschote*
200 ml Weißwein

ZUTATEN FÜR DEN FRUCHTSALAT:
500 g Erdbeeren
4 Orangen
Zucker

SO GELINGT'S:

1. 120 g Butter in einem Topf zerlassen und 80 g Zucker darin auflösen. Die unbehandelte Orangenschale abreiben, die Hälfte davon zurücklegen. 2 EL Amaretto und den Sirup mischen und kurz erwärmen. Die Butter-Zucker-Mischung mit der Orangenschale, den Eiern und der Sirup-Amaretto-Mischung in einem Mixer gut durchmixen. Mehl, Grieß und Backpulver dazugeben und nochmals gut durchrühren.

2. Den Boden einer Kuchenform (1 rechteckige Kastenkuchenform mit etwa 1,8 l Inhalt oder 1 Springform mit 18 cm ø) mit der restlichen Butter ausstreichen. Die Mandeln in kaltes Wasser einlegen, kurz

darin ziehen lassen und dann die Schale entfernen. Die Mandeln in feine Scheiben schneiden und den Kuchenboden damit bestreuen. Den Teig hineinfüllen und im Backofen bei 170 Grad (Gas 1-2, Umluft 170 Grad) etwa 30 Minuten auf der 2. Einschubleiste von unten backen.

3. In der Zwischenzeit die Vanilleschote auskratzen und die abgeriebene Orange auspressen. Den restlichen Zucker mit dem Weißwein, dem Orangensaft, der restlichen Orangenschale, Vanillemark und -schote in einem Topf aufkochen, vom Herd nehmen und abkühlen lassen. Mit dem restlichen Amaretto würzen. Die Flüssigkeit in eine Schüssel gießen.

4. Den Kuchen aus dem Backofen nehmen, etwa 5 Minuten abkühlen lassen, mit einem Messer vom Formrand lösen, vorsichtig stürzen und in 8 gleich große Stücke schneiden. Die Grießschnitten in die Saftmischung legen und rundherum mit der Flüssigkeit tränken.

5. Für den Obstsalat die Erdbeeren waschen, putzen und vierteln. Die Orangen filetieren, den Saft dabei auffangen und mit den Erdbeeren zu den Orangenfilets geben. Die Früchte mit dem Puderzucker bestäuben und mit den getränkten Grießschnitten auf einer Platte anrichten. Lauwarm servieren.

Tipp:
Dieses Gericht eignet sich auch als kleines Hauptgericht.

PFLAUMENAUFLAUF

(4 Portionen)

ZUTATEN:

1 kg Pflaumen
170 g Butter
120 g Zucker
250 g Mehl
100 g Mandeln (gemahlen)*
30 g Puderzucker*
1 EL Zimt (gemahlen)*

SO GELINGT'S:

1. Eine große, ofenfeste Form mit Butter ausfetten, mit 20 g Zucker und etwas Zimt ausstreuen.
2. Die Pflaumen waschen, halbieren, entsteinen und nebeneinander in die Form legen.
3. Die restliche Butter zerlassen, den restlichen Zucker, Mehl und Mandeln unterrühren und als Streusel über die Pflaumen krümeln. Im vorgeheizten Backofen auf der 2. Einschubleiste von unten bei 200 Grad (Gas 3, Umluft 175 Grad) in 30 Minuten knusprig backen. Den Puderzucker darüber sieben.

Tipp:

Dazu passt Schlagsahne. Das Gericht eignet sich auch als sommerliche Hauptspeise.

SCHOKOLADENSOUFFLÉ MIT RUM

(4-6 Soufflés)

ZUTATEN:

1 EL Butter
6 EL Zucker
225 ml Milch
100 g Zartbitterschokolade
5 Eier
3 EL Speisestärke
2 EL Schmand
3 EL Rum
1 EL Puderzucker*

SO GELINGT'S:

1. 4-6 kleine Backförmchen ausfetten und mit 2 EL Zucker gleichmäßig bestreuen.
2. Die Milch in einem Topf erhitzen, die Schokolade hineinbröckeln und unter Rühren schmelzen lassen. Sobald die Milch kocht, den Topf vom Herd nehmen und zugedeckt die Schokolade vollständig schmelzen lassen.
3. Die Eier trennen. Das Eiweiß in einer Schüssel beiseite stellen. 3 Eigelb in eine Schüssel geben.
4. Speisestärke in einen großen Topf geben und unter Rühren die Schokoladenmilch hineingießen. 3 EL Zucker hinzufügen. Bei größerer Hitze unter kräftigem Schlagen die Milch eindicken lassen.
5. Den Topf nach kurzem Aufkochen vom Herd nehmen, Rum, Schmand und 3 Eigelbe hineinrühren und zugedeckt beiseite stellen.
6. Den Backofen auf 230 Grad (Gas 5, Umluft 210 Grad) erhitzen und ein Backblech darin erwärmen.
7. Das Eiweiß zusammen mit 1 EL Zucker steif schlagen und unter die Schokoladenmasse heben.
8. Die Förmchen füllen und im Ofen 8-10 Minuten backen, bis die Soufflés aufgegangen und gestockt sind.
9. Zum Servieren mit Puderzucker bestreuen.

ROTWEINBIRNEN MIT KNUSPRIGEM MANDELEISCHNEE

(4 Portionen)

ZUTATEN:

4 große, reife Birnen
1 Zitrone
400 ml Rotwein
250 g Zucker
1/2 Zimtstange*
1/2 TL gemahlener Zimt*
2 Eiweiß
1/2 Päckchen Vanillezucker
25 g gehobelte Mandeln
2 EL Puderzucker*

SO GELINGT'S:

1. Die Birnen schälen, halbieren und entkernen. Den Backofen auf 220 Grad (Gas 4-5, Umluft 200 Grad) vorheizen.
2. Eine flache Form einfetten.
3. Die Zitrone auspressen und zusammen mit dem Wein, 6 EL Zucker und Zimt in einen großflächigen Topf oder einer Pfanne zum Kochen bringen. Die Hitze kurz darauf reduzieren.
4. Die Birnenhälften in den Sud legen und etwa 10 Minuten darin dünsten, bis sie nahezu weich sind. Gelegentlich Früchte mit dem Sud übergießen.
5. Eiweiß unter langsamer Zugabe von Zucker und Vanillezucker in einer Schüssel steif schlagen.
6. Die Birnen mit einem großen Löffel mit Schnittfläche nach oben in eine gefettete Form legen. In jede Birnenmulde Eischnee löffeln, mit Mandeln bestreuen, den Puderzucker darüber sieben und anschließend etwa 5 Minuten auf der mittleren Schiene des Backofens goldbraun backen.
7. In der Zwischenzeit den Sud einkochen und in einen Krug gießen.
8. Je zwei Birnenhälften auf einen Teller geben und ein wenig von dem Sud neben die Birnen gießen.

PFIRSICHAUFLAUF

(4-6 Portionen)

ZUTATEN:

2 EL Butter
800 g Pfirsiche a. d. Dose
150 g Schmand
100 g Mehl
2 große Eier
100 g Zucker
1/2 Päckchen Vanillezucker
1 Becher fetter Joghurt
2 EL Schmand

SO GELINGT'S:

1. Den Backofen auf 200 Grad (Gas 3-4, Umluft 180 Grad) vorheizen.

2. Eine runde Kuchenform mit Butter einfetten.

3. Die Pfirsiche in einem Sieb über einer Schüssel abtropfen lassen und 100 ml des Fruchtsaftes abmessen.

4. Die halben Früchte mit der Schnittfläche nach unten in die Form schichten.

5. Den Schmand in den Fruchtsaft rühren.

6. Das Mehl in eine Schüssel geben, in der Mitte eine Mulde drücken und Eier, 75 g Zucker und Vanillezucker hineingeben und glatt rühren, dabei langsam die Fruchtsaftsahne angießen.

7. Den Teig über die Früchte in die Kuchenform gießen und in den Ofen stellen.

8. Die restliche Butter, etwa 1 EL, und den restlichen Zucker in einer Schüssel verrühren. Diese Masse nach etwa 15 Minuten Backzeit auf den Auflauf streichen und weitere 5 Minuten backen lassen, bis er goldbraun ist.

9. Joghurt und Schmand in einem Schüsselchen verrühren und zusammen mit dem warmen Auflauf servieren.

FLAMBIERTE TROPEN-FRÜCHTE MIT VANILLE-EIS

(4 Portionen)

ZUTATEN:

1 frische oder eine Dose Ananas
25 g Butter
60 g Zucker
3 große, feste Bananen
4 EL Rum
1 Packung Vanilleeis

SO GELINGT'S:

1. Die Ananas schälen, längs halbieren und den u. U. holzigen Kern herausschneiden. Die Hälften jeweils in 8 Scheiben schneiden. Den Saft beim Schneiden auf einem Teller auffangen.
2. Butter und Zucker in einer großen Pfanne zum Schmelzen bringen.
3. Währenddessen die Bananen schälen, quer und dann längs halbieren.
4. Die Ananas in die Pfanne geben und bei großer Hitze 1-2 Minuten anbraten.
5. Die Bananen dazugeben und nochmals 2-3 Minuten braten. Vorsichtig wenden!
6. Den Rum über das Obst in die Pfanne gießen und einige Sekunden erhitzen. Mit genügend Abstand die Pfanne mit einem Streichholz entflammen, etwas herunterbrennen lassen und dabei vorsichtig hin und her rütteln.
7. Den aufgefangenen Saft dazugeben und kurz mit erhitzen.
8. Das Obst auf Tellerchen verteilen und jeweils 1-2 Kugeln Eiskrem obenauf legen.

Register

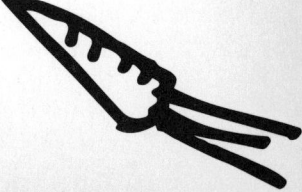